Peter Kunze · Täglich fängt das Leben an

Peter Kunze

Täglich fängt das Leben an

Den Mutigen gehört die Welt

STIEGLITZ VERLAG · E. HÄNDLE
Mühlacker
Irdning/Steiermark

Überzug: HF Ottmann, Leonberg

ISBN 3-7987-0213-6

Gesamtherstellung: Wiener Verlag, Himberg bei Wien

Inhalt

Vorwort

Der Alltag hat die Vision überholt. Orwells Zukunftsroman »1984« ist in den totalitären Staaten des Ostblocks bittere Realität geworden. Huxley's »Schöne neue Welt« wird im Alltag des Westens verwirklicht. Man spricht vom Unbehagen an der Kultur, vom Untergang des Abendlandes und von Apokalypse.

Was ist dran an diesen traurigen Zukunftsgedanken? Sind sie Ausdruck der Modetorheit Nihilismus oder logische Folge des Zeitgeistes?

Der Zeitgeist – zusammengesetzt aus Welterеignissen. Aus Nachrichten, die trübsinnig stimmen, wenn man sie regelmäßig verfolgt. Dauernd ist von Atomwaffen die Rede, vom Wettrüsten und von Killersatelliten. Von der Zerstörung der Natur durch Chemikalien, dem Betonieren von Grünflächen und vom Sterben der Bäume. Der Wachstumswahn hat uns nicht vor der Krise bewahrt. Wir zittern vor Pleiten und um unsere Arbeitsplätze. Hängen unser Wertgefühl an materiellen Wohlstand und verdrängen das Herz mit der Vernunft. Die Jugend bekommt von einer vaterlosen Gesellschaft das Etikett »No future«-Generation verpaßt. Gerade jene Leute verurteilen den Aufstand gegen Packeis und Passivität, die ihre eigenen Neurosen mit Alkohol und Medikamenten zu vergessen versuchen. Viele wollen gar nicht mehr wissen, was alles falsch ist, weil sie den Mut zur Wahrheit verloren haben. Weil sie nicht wahrhaben wollen, daß der Besitz eines Luxusautos ebensowenig glücklich macht wie eine außergewöhnliche Karriere im Beruf. Und nicht erkennen, daß schrankenloser Genuß ebensowenig zur seelischen Gesundung beiträgt wie übermäßiges Freizeitangebot.

Viele Menschen leben in der Zukunft oder in der Vergangenheit. Das Heute verschwindet in der Hoffnungslosigkeit.

Viktor E. Frankl spricht in diesem Zusammenhang vom Leiden an der Sinnlosigkeit. Konrad Lorenz bemerkt eine verminderte Leidensfähigkeit, die den Menschen zum Genuß antreibt und damit auch das Glück verwehrt. Erich Fromm sieht die Unfähigkeit zu lieben als Symptom einer kranken Gesellschaft.

Dieses Buch, verehrter Leser, kann Ihnen keine Patentrezepte für den Weg aus der Krise vermitteln. Es erhebt keinen Anspruch auf »die« Wahrheit. Aber es bietet Ihnen an Hand von 36 Schicksalen Beispiele für die Kraft des einzelnen in der Masse und für den Glauben an die Zukunft nach dem Motto: Den Mutigen gehört die Welt! Sie können mitverfolgen, wie diese Menschen – auf völlig unterschiedliche Art – die Herausforderung des Lebens angenommen haben.

Wie sie kämpfen. Wie sie zweifeln. Wie sie täglich neu beginnen.

Diese Geschichten sind alltäglich. Und deshalb sensationell.

Peter Kunze

Anna Otti

Die Wunderheilerin vom Aichberg

Aichberg, Kärnten. Ein gepflegter Bauernhof. Sogar der Kuhstall ist hell und freundlich. Natürliches Wachstum ist hier kein Schlagwort. Die Ottis halten nichts von Chemikalien. Franz Otti (42), der Vater, strahlt die Ruhe eines Menschen aus, der mit den Naturgesetzen leben gelernt hat und sich für Demut nicht schämt. Seine Frau Anna (38) hat rote Wangen. Sie steht mit beiden Beinen fest auf der Erde und ist auf dem Boden geblieben.

»Gsund muaß ma sein und zufrieden«, sagt sie resolut.

Frau Otti kommt aus Osttirol. Von Kind an hat sie mit ihren sieben Geschwistern auf dem Hof der Eltern gearbeitet.

»Meist von viere in der Früh bis zehne am Abend.« Sie arbeitet gern.

Vor achtzehn Jahren hat sie ihren Franz geheiratet und ihm drei Kinder geboren. Den Stammhalter, ebenfalls auf den Namen Franz getauft, die Michaela und die Margret.

Vor zwei Jahren hatte sie erstmals das Gefühl, daß sie ihre Kinder nicht mehr so sehr wie früher brauchen.

»Da bin i richtig krank wurn, weil ma langweilig war.«

Langweilig? Mit all dem Gemüseanbau, dem Riesenhaushalt, der Fürsorge für eine taubstumme 76jährige Magd, dem Putzen, Kochen und Stricken? Frau Otti schaut verständnislos.

»Soviel is des gar net. I teil ma des so ein, daß des leicht geht.« Sie beschloß, ein Pflegekind anzunehmen. Ein gesundes, natürlich. Und dann wurde ihr der siebenjährige Heinzi von der Fürsorge angeboten. Er ist geistig behindert, sagten die Ärzte. Ein hoffnungsloser Fall. Frau Otti besuchte ihn trotzdem in einer Wiener Klinik.

»Um Gottes willen, hab i ma denkt, wia i ihn im Gitterbett liegen gsehn hab. Sogar a Gitterdach war drüber. Der war unterbracht wia a Viech. Also hab i gsagt: I probier's. Der is sicher net bled, sondern nur verhaltensgestört.«

Inzwischen ist der Heinzi gesund, lacht viel, hat im letzten Volksschulzeugnis nur einen Dreier und sonst lauter bessere Noten. Aus dem »hoffnungslosen Fall« wurde ein Bub, der begeistert im Stall mitarbeitet und sich klar artikulieren kann.

»Am Anfang war's a bisserl schwierig«, erzählt Frau Otti. »Da is er umanandertamelt wia a Kalberl und hat immer nur ja gmurmelt. Also hab i eam gfragt: ›Willst no was essen?‹ Wieder hat er ja gsagt, daweil hat er nimma kennan. Daraufhin hab i gsagt: ›Du hast ja gsagt, jetzt mußt du aufessen. Nächstes Mal sagst nein.‹ So hat er den Unterschied zwischen ja und nein gelernt.«

Sie hat ihm selbst das Alphabet beigebracht. Und mit sehr viel Geduld seine Aggressionen abgebaut.

»Am Anfang hat er die Küah mit ana Beißzangen gezwickt«, sagt Franz Otti. »Kannst dich erinnern, Heinzi?«

Heinzi nickt verlegen. »Des werd ich nimma machen. I weiß, daß des net richtig war.«

»Wieso waren Sie eigentlich so sicher, daß Sie den Heinzi richtig erziehen können?« frage ich.

»Na, des siech i do«, antwortet sie spontan.

Sie hat noch nie ein Buch über Pädagogik in der Hand gehabt.

»Des is allas a Glump. A Kind braucht Wärme, die Natur und des Gfühl, daß es a Arbeit leistet.«

Im April 1981 hat sie die dreieinhalbjährige Hildegard aufgenommen. Ein zartes, schüchternes Mädchen mit langen, blonden Zöpfen. Hildegard wurde von ihren Eltern so oft geprügelt, bis sie aus Angst kein Wort mehr gesprochen hat. Seitdem sie bei den Ottis lebt, plaudert sie munter drauf los. Es ist faszinierend, wie die robuste Landwirtin das Gefühl von Geborgenheit vermittelt. Manchmal klingen ihre Worte resch und hantig. Aber offensichtlich spüren die Kinder, daß sie's gut meint.

»Ma muaß halt was tuan mit die Kinder, wenn ma wüll, daß was wird aus ihna. Da helf ma eben alle zsamm.«

Ihre eigenen Kinder haben den Neuankömmlingen nie Eifersucht spüren lassen. Franz, mit

18 Jahren der Älteste, hilft dem Heinzi bei den Rechenaufgaben. Michaela (16) unterstützt die Mutti beim Geschirrabwaschen. Und die zehnjährige Margret kümmert sich besorgt um die zwei Säuglinge, die Anna Otti noch zusätzlich aufgenommen hat.

»Aus die zwa muaß a was wern. Jedenfalls tät is nimma hergeben. Ohne mi wärn s' ja verloren. Außerdem san s' alle mei Freid.«

Schwierig war vor allem Stefan, als sie ihn mit vierzehn Monaten bekommen hat. Man hatte ihn bisher nur künstlich ernährt.

»Er nimmt freiwillig nichts zu sich«, sagte die Fürsorgerin. Inzwischen nimmt er.

Frau Otti fertigte einen Brei aus Karotten, Äpfeln, Vollkornbrot und Milch.

»Des hab i eam abeg'schoben. I hab ma dacht: I kann eam do net eingehn lassen. Bei die schwachen Kalberln mach mas ja genauso.«

Seit der ersten »Fütterung« ist ein Jahr vergangen. Stefan liegt behaglich in seinem Gitterbett.

»Ideal wär' ein Behindertengitterbett mit Rädern«, sagt Frau Otti. »Dann könnt ma ihn öfter ins Freie an die gute Luft stellen.«

Ein derartiges Bett kostet rund 10.000 Schilling. Die Anschaffung wurde von der Fürsorge abgelehnt.

»Dabei würde ein Monat Pflege im Heim schon soviel kosten, während wir nur 1800 Schilling pro Monat für ein Kind bekommen. Aber daran denken s' beim Amt net.«

Frau Otti sagt das ohne Zynismus. Sie macht eben das Beste aus jeder Situation.

»Schaun S, i brauch kan Pelzmantel. Mei Gwand soll kommod sei. Die Wohnung muaß net elegant sein. Kommod soll s' sei. I reiß mi a net drum, nackert in Italien am Strand z' liegen. Am Aichberg is die Luft vül besser. Und wenn i amal nach Wien fahr, bin i so müad, wia waun i zwa Wochn ununterbrochen garbeitet hab.«

Sie deutet auf ihren Mann und blinzelt mir zu.

»Und waun i was brauch, sag is dem Franz. Zerscht redt er dagegen. Dann red i solang, bis er einsiecht, daß i recht hab.«

Franz Otti lacht herzlich.

»Hauptsach, die Frau hat a Arbeit . . .«

»Da hat er scho recht«, bestätigt Anna Otti. »Nötig muaß ma sein. Fleißig. Ma muaß a die Kinder dazu erziehn, daß was leisten. Damit s' net solche Fratzen wern wia manche Stadtkinder, die ma so verziagt, daß allan mit die klansten Probleme net mehr fertig wern.«

Anspruchsvoll sind die Ottis eigentlich immer nur in bezug auf ihre Leistung gewesen. Am Sonntag vormittag gehen sie in die Messe. Sonst gibt's kaum Freizeit. Manchmal sitzen sie am Abend vor dem Fernsehapparat. Frau Otti schaut sich gern »Dallas« an, ihr Mann die »Zeit im Bild«.

»Wenn ana pessimistisch is, is des nur a Ausred«, sagt die »Wunderheilerin vom Aichberg«. »A waun die Politiker die Welt hinmachen, kaun ma die Kinder net versauen lassen.«

Rudi Kruspel

Man kann mit allem fertig werden

Der 30. März 1973 ist ein schwarzer Freitag. In der französischen Stadt Rennes finden Ausscheidungswettbewerbe für die Weltmeisterschaft im Kunst- und Turmspringen statt. Der Wiener Rudi Kruspel trainiert auf dem Trampolin. Ein Salto, noch ein Salto – plötzlich ein Schock.

»Der Fuß is neben mir glegen«, erinnert sich Kruspel. »I hab ma spontan dacht: Der is ab!«

Das Knie ist ausgerenkt. Im Krankenhaus lassen sie ihn sieben Stunden warten. Der Fuß wird schwarz. Dann verpaßt man ihm einen zu engen Gips. Eine Operation, bei der ihm Plastikarterien eingesetzt werden, mißlingt. Kruspel läßt sich nach Österreich fliegen.

»I hab des Gfühl ghabt: Wenn i no lang durt bleib, kratz i ab.«

Die Überstellung erfolgt zu spät. Nach fünf Monaten und vier Operationen müssen die Ärzte im Franz-Josef-Spital amputieren.

»Wie i außekumman bin, war i enthusiastisch. I wollt a neiches Leben anfangan.«

Funktionäre hatten ihm im Krankenhaus viel versprochen. Eine Wohnung, ein Stipendium für Wirtschaftswerbung. Daraus wird jedoch nichts.

»Es war ka echte Hilfe zu haben.«

Kruspel beginnt zu trinken. Er war schon als Bub unsicher. Hat sich für den Beruf des Vaters – er ist Totengräber – geniert. War ein Einzelgänger. Konnte weder Spießbürger noch Hippies verstehen. Die einen waren ihm zu stur, die anderen zu lethargisch.

Mit vierzehn stürzte er sich ins Sporttraining.

»Damit hab i nimma suachen müssen. I hab a Ziel ghabt und damit a schöne Oberfläche.«

Mit zweiundzwanzig sieht Kruspel seine Zukunft in der Vergangenheit. Ein Freund vermittelt ihm einen Job als Grafiker beim ORF. »Aber des hat mi net befriedigt. Also hab i ollas, was i verdient hab, in Alkohol umgsetzt.«

Er wird streitsüchtig. Macht es mit seiner »Unzufriedenheit, weil i jeden Tag an Fuaß hab anziehen müassen«, unmöglich, daß aus Beziehungen zu Mädchen was wird.

1977 kommt er drauf, daß ihn seine Freundin betrügt. Von vier Liter Wein und einer Flasche Kognak pro Tag reduziert er wegen dieser Erfahrung seinen Alkoholkonsum auf Null und beginnt »wie irrsinnig« zu malen.

»I hab ma den Schmerz abgmalt und mi stärker gfühlt.«

In dieser Phase bitten ihn Sportstudenten, daß er sie trainiert.

»Mir is da bewußt geworden, wieviel Verantwortung i hab und wie sehr ich sie motivier, indem ich mit einem Bein Sprünge mach, vor denen sie Angst haben, obwohl sie gesund sind«, sagt Kruspel.

Er trainiert auch wieder selbst, nimmt zwölf Kilo ab, gewinnt einen Wettkampf in Australien und will bei den österreichischen Staatsmeisterschaften antreten. Der Sportverband verbietet ihm die Teilnahme mit zwei Begründungen:

- Man muß laut Reglement mit beiden Beinen abspringen.
- Es sei ästhetisch nicht tragbar, wenn ein Mann mit nur einem Bein springen würde.

»Daraufhin hab i oallas gwurfen, was geben hat. Alkohol, Kokain, Heroin.«

Das Rauschgift zieht ihn immer tiefer hinunter. Er macht Schulden, muß aus seiner Wohnung ausziehen, lebt in Kommunen.

Im Herbst 1978 lernt er den Maler Gottfried Helnwein kennen.

»Der hat si meine Bilder angschaut und zu mir gsagt: ›Die san guat, gib net auf!‹ I hab des Gfühl ghabt, dem kann i vertraun.«

Helnwein läßt Kruspel bei sich wohnen und gibt ihm Tips beim Malen. Kruspel wiederum hilft ihm beim Ausbau seines Ateliers, entwikkelt für ihn Fotos und kümmert sich gelegentlich um seine Kinder. Er genießt das Gefühl, in einer Familie integriert zu sein. Bewundert die Energie, mit der Helnwein arbeitet, ohne dabei seine Ehe zu vernachlässigen. Und erkennt, daß »mei persönliches Wohlbefinden zuwenig is, weil ma den anderen was geben muaß«.

Mit dieser Lebenseinstellung braucht er kein Rauschgift mehr. Seine Bilder verlieren in dem Maß die Aggressivität, in dem seine Ausgeglichenheit wächst. Kruspel will jetzt mit stimmungsvollen Landschaften zeigen, »wie viele schöne Seiten das Leben hat, weil das die meisten Menschen im Alltag vergessen«. Er steht damit im Gegensatz zu Helnwein, dessen Bilder Dokumente der Grausamkeit geworden sind.

»Deshalb wird es zwischen uns nie Neid oder Eifersucht geben«, sagt Kruspel. »Wir ergänzen uns und zeigen damit, daß es wichtig ist, beide Seiten nicht zu verdrängen.«

Mittlerweile hat er schon mehrere Ausstellungen erfolgreich hinter sich gebracht.

»I renn nimma davon«, sagt Kruspel. »Ma kann mit allem fertig werdn. Außerdem hat jeder von uns die Verpflichtung zum Überleben, um andern Menschen a Beispiel zu geben.«

Er nimmt diesen selbsterteilten Auftrag wörtlich. Hat unlängst einem Mädchen geholfen, vom Heroin wegzukommen. Kümmert sich mehr um seine Eltern, was sich positiv auswirkt.

»Wir verstehen uns jetzt viel besser. Im Grunde hat's damals eh nur wegen mir Wickel geben.«

Kruspel hat den Kampf mit sich selbst angenommen. Manchmal ist er unsicher. Zweifelt an seinem Maltalent. Und bekämpft seine Zweifel, indem er noch mehr arbeitet. Er hat Rückschläge zu akzeptieren gelernt. Ebenso wie die Stürze, als er erstmals ohne Krücken gehen wollte.

»Mir hat das Fallen nix ausgmacht. Des war für mi intensives Erleben. I hab gsehn, daß i was tua.«

Jetzt bewegt er sich mit seinem künstlichen Bein derart gekonnt, daß ein Fremder höchstens eine leichte Fußverletzung vermuten würde.

»Weißt«, sagt Rudi Kruspel, »i mecht heut nimmer tauschen mit der Zeit, wo i beide Füaß ghabt hab. I leb heut viel bewußter. Des Leben is zwar härter, weil i mehr Verantwortungsbewußtsein hab, aber es geht mir trotzdem besser. Und an Wettbewerb hab i jetzt auch noch immer. Früher wollt i Weltmeister im Kunstspringen werden. Heut werd i Weltmeister im Malen mit Wasserfarben . . .«

Notarzt und Fahrer im Einsatz

Mit Blaulicht gegen den Tod

Das Funkgerät blinkt rot. Der Wagen 4 ist einsatzbereit. Sonntag, 19 Uhr. Der härteste Dienst der Woche beginnt. Nach einem Wochenende ist die Hölle los.

»Dragica S., 42 Jahre, Gallenkolik«, funkt die Notdienstzentrale.

Zehn Minuten später sind wir dort. Ein Gastarbeiterquartier. Zimmer/Küche. Es riecht nach Schweiß und abgestandenem Essen. Eine Frau liegt verkrümmt auf dem Doppelbett. Vier Kinder stehen hilflos um sie herum.

»Mir is so schlecht«, stöhnt die Frau. »I kann nix aufstehen.«

»Zuerst hat sie soviel geschwitzt. Dann hab' i Fieber gemessen, und dann war ihr kalt«, sagt ein Mädchen aufgeregt.

Doktor Franz Bergmann rollt die Frau auf den Rücken. Herr Bauer, unser Fahrer, öffnet den Ärztekoffer. Blutdruckmeßgerät, Stethoskop, Spritzen, Zapferln.

»Der Blutdruck ist in Ordnung«, sagt Bergmann. »Ich geb' Ihnen jetzt eine Spritze gegen den Brechreiz und die Übelkeit.« Er spricht während der Behandlung tröstende Worte.

Strahlt Ruhe und Sicherheit aus.

»Und morgen tun Sie sich ausruhen und Kamillentee in kleinen Schluckerln trinken.«

»I muß arbeiten«, stöhnt die Frau. »I verlier sonst Arbeit. I bin Bedienerin.«

Die Armut lastet wie ein Fluch auf diesem Bett, auf dem fünf Menschen schlafen.

»Da gibt's no ganz andere Verhältnisse«, sagt Herr Bauer später. »Da finden's die Patienten net vor lauter Dreck . . .«

»Deprimiert Sie das nicht?«

Er schüttelt den Kopf.

»Des wichtige is der Kranke und net die Verhältnisse. Außerdem relativiert ma damit die eigenen Probleme. Und dann kummt dazu, daß es schön is, wenn ma wem helfen kann.«

Die Zentrale meldet Herzrhythmusstörungen bei einer Patientin in der Josefstädter Straße. Ihr Mann öffnet aufgeregt die Tür.

»Vierzehn Tag ziagts scho umanand damit. I zeig Ihna die Medikamente.« Die Frau liegt apathisch im Bett. Sie wiegt mindestens 140 kg.

»Seit wann sind S' denn so kräftig?« fragt Bergmann durch die Blume.

»Oi, des is scho gar nimma wahr«, antwortet der Mann für seine Frau. Bergmann gibt ihr eine Spritze. Der Vergleich zu einem Lastwagen, der von einem Puch-500-Motor angetrieben wird, drängt sich auf.

»Ihr Herz hält das nicht aus. Sie sollten nach Lainz gehen«, rät Bergmann.

Die Frau seufzt tief auf.

»Jetz scho, Herr Doktor, ins Altersheim? I bin do erst 47?« Bergmann schmunzelt.

»Nur zum Abnehmen . . .«

Als wir wieder im Wagen sitzen, sagt er: »Manchmal ist man als Arzt hilflos. Wenn die Leute nichts von sich aus dazu tun. Oder wie bei dem armen Teufel, zu dem wir jetzt hinfahren. Bei dem kann ich nur mehr die Schmerzen lindern . . .«

Herr P. hat Krebs. Die Notärzte geben ihm regelmäßig Morphiuminjektionen. Seine Frau will ihn zu Hause pflegen. »Mein Gott, i mach eam ja eh ollas. Er is ja mei Goschi. Der letzte Liebesdienst, den i hab'.«

Herr P. liegt mit schmerzverzerrtem Gesicht auf der rechten Seite. Anders kann er nicht mehr liegen. Die Schmerzen wären unerträglich. »Auweh«, stöhnt er. »Ollas tuat ma weh.«

»Er is eh so brav«, sagt seine Frau. »Aber was soll er denn tuan?« Sie kämpft mit den Tränen.

»Wissen S', er war Lastwagenchauffeur. G'spart hamma des ganze Leben. In der Pension wollt mas uns guat gehn lassen. Und jetzt is er sechzig und jetzt wird nix draus.«

»Wann is denn scho aus?« flüstert Herr P.

»Red net so dumm«, sagt Frau P. »Du wirst scho wieda gsund.«

Sie dreht sich um zu uns.

»Er mecht halt scho erlöst wern . . .«

Das Zimmer versinkt in einem Blumenmeer.

»Des is do ganz kloar«, sagt Frau P. »Er war do a imma fir uns da . . .«

Man schämt sich jetzt für die eigenen Launen. Kleinigkeiten, über die man sich im Alltag ärgert, verlieren ihre Bedeutung. Machen wir uns das Leben mit unseren Wohlstandsraunzereien nicht unnatürlich schwer? Klischees, die den Wert der Gesundheit in den Himmel heben, erscheinen plötzlich nicht mehr abstrakt.

»Da kommt's dir schon makaber vor, wenn du in der Zeitung liest, wie sich Urlauber aufregen, weil in ihrem Hotel ein Behinderter wohnt«, sagt Dr. Bergmann.

Ein Funkspruch unterbricht seine Gedanken. Kreislaufkollaps in Favoriten. Die Hilferufe reißen nicht ab. Ein Bub hat vierzig Grad Fieber. Bei einem anderen schmerzt der Blinddarm. Eine Hofratswitwe ist im Vorzimmer zusammengebrochen. Glücklicherweise war die Nichte im Haus. »HY« in Grinzing: Ein 17jähriges Mädchen hat einen hysterischen Anfall. Beim Eintreffen hat sie sich schon wieder beruhigt. Es ist 2 Uhr früh. Wir haben 23 Einsätze hinter uns. Man spürt die Nacht bleischwer im Körper. Wir fahren »Nachfassen« in die Notdienstzentrale. Medikamente, Kaffee, belegte Brote.

Im Journalzimmer nehmen Ärzte die Anrufe entgegen. Ein einsamer Job. Man ist Psychiater, Ratgeber, Seelentröster. Muß Notfälle von Übertreibungen unterscheiden können, am Telefon womöglich durch gezielte Anweisungen den ersten Schritt zur Lebensrettung setzen. »Wenn man sich wirklich alles zu Herzen nimmt, was man da in einer Nacht zu hören kriegt, schafft man das nicht«, gesteht Dr. Kolbe. Seine Kollegin, die im Funkraum die Einsatzwagen dirigiert, stimmt zu. »Manchmal passiert's, daß ma mit jemand spricht und der liegt dann tot beim Haustor, wenn der Wagen kommt. Das bringt man dann einige Zeit nicht aus sich heraus . . .«

Wir werden wieder losgeschickt. Leber-Metastasen. Die Frau ist 73. Ihr Aussehen unterscheidet sich kaum noch von einem Skelett. Sitzen kann sie nicht mehr. Ihr Mann ist ebenfalls schwer behindert. Er hört kaum noch was. Die Tochter wohnt nebenan. Die ist nervlich am Ende.

»Ich hab' selber drei Kinder und muß mi um alles kümmern. Und mei Bruader seilt si ab. Er hat gemeint: Schickt s' ins Krankenhaus. Die warten do eh nur mehr aufs Sterben!«

Dr. Bergmann nimmt tröstend ihre Hand.

»Wenn Sie einmal krank sind, wird Ihnen dafür auch jemand helfen.«

»Glauben S' wirklich?« fragt sie skeptisch.

»Sicher«, sagt Bergmann.

»Asthmaanfall, blau«, meldet die Zentrale. Blau heißt: Höchste Dringlichkeitsstufe. Herr Bauer schaltet alle Lichter ein. Sie spiegeln sich auf dem feuchten Asphalt. Der Wagen schießt einsam durch die Häuserschluchten. Es ist kaum noch Verkehr.

»Man lernt zwar mit dem Tod leben«, sinniert Dr. Bergmann. »Aber wenn meinen Eltern was passieren würde, wär' das für mich genauso arg wie früher.«

Diesmal kommt er gerade noch rechtzeitig. Die alte Dame lehnt erschöpft in ihrem Lehnstuhl. Die Spritze hat ihr das Leben gerettet. Die Rettung ist bereits verständigt.

»Haben Sie jemand, der sich später zu Hause um Sie kümmert?« fragt Bergmann.

»Nein«, sagt sie tonlos.

Ihr Bruder hat die »Parkinsonsche Krankheit«. Ihr Mann ist vor kurzem gestorben. Und die einzige Verwandte, die noch bleibt, ihre Nichte, hat keine Zeit. Ihr ist der Mann davongelaufen und hat sie mit vier Kindern sitzengelassen.

Es ist bereits hell, als wir die Wohnung verlassen. Der Dienst geht nach zwölf Stunden zu Ende.

»Ich mach mir jetzt ein Frühstück, leg mich in die Badewanne und hör mir das Morgenjournal an«, sagt Dr. Bergmann. Ab acht Uhr steht der Dienst beim Magistrat auf seinem Terminkalender. Wenn er Glück hat, wird er sich in der kommenden Nacht ausschlafen können.

»Ich mach das jetzt seit vier Jahren an Wochenenden«, sagt er leise. »Man gewöhnt sich an alles.«

Maria Gremel

Eine Dienstmagd wird Schriftstellerin

Furchen machen aus ihrem Gesicht eine Landkarte des Schicksals. Ihre Hände sind rissig und rauh. Die Arbeit hat Spuren hinterlassen. Maria Gremel war schon mit 9 Jahren Dienstmagd bei einem Bauern. Sie mußte »Küah waschen, Holz tragen und die Stuben kehren«. Der Tag begann bereits um fünf Uhr früh. »Aber des hat mir nicht geschadet«, sagt sie heute. Traurig war sie erst, als man sie nur im Winter in die Schule gehen ließ. Aber die Eltern waren eben Taglöhner und brauchten die Arbeitskraft der Tochter zum Überleben. Maria, geboren am 19. Dezember 1901 in Kirchschlag in der *»Buckligen Welt«*, mußte bald lernen, Lebenswichtiges von Überfluß zu unterscheiden. »Die Schüssel muß voll sein«, wurde ihr gesagt. »Wennst Schuachbandeln und Strümpf brauchst, muaßt das halt mit Hendln und Eier dazuaverdienen.«

Jetzt ist sie 81 Jahre alt – die Entbehrung hat ihr also wirklich nichts geschadet – und darf sich Schriftstellerin nennen. 1983 erschien ihr Buch »Mit neun Jahren im Dienst«. Es handelt von den ersten dreißig Jahren ihres Lebens auf dem Bauernhof. Ursprünglich wollte sie die Erinnerungen gar nicht veröffentlichen. »Ich hab' es nur für die Familie geschrieben. Außerdem: Wen interessiert das schon?« Und vermutlich hätte sich in der Zeit der Götzenanbetung des grenzenlosen Wachstums und der Technokratie, den sechziger und siebziger Jahren, wirklich kein Verleger für ihre Geschichten über die einfachen Wahrheiten des Alltags interessiert. Da man aber inzwischen Alternativbewegungen nicht mehr als Spinnerei abtut, kommen halt doch immer mehr Leute drauf, daß so mancher Rentner den grünen Gedanken schon vor Jahrzehnten gepflegt hat.

»Geld ist nicht wichtig«, sagt Maria Gremel. »Mit Geld kannst du dir nur Wünsche erfüllen. Es ist aber viel mehr wert, wenn du deine Pflicht erfüllst.«

Wir sitzen in ihrer karg möblierten Zimmer-Küche-Wohnung im 21. Wiener Gemeindebezirk. Frau Gremel lebt allein, seitdem ihr Mann vor vierundzwanzig Jahren gestorben ist. Gemeinsam haben sie als Knecht und Magd in einer Landwirtschaft in Groß-Enzersdorf gearbeitet, fünf Kinder aufgezogen und 38 Jahre lang versucht, gegenseitig »Nachsicht zu üben«.

»Schaun S', a Frau muaß a den Mann verstehen und net nur sich selbst«, sagt Maria Gremel. »Heut rennen die Ehepaare schon wegen jedem Schmarrn auseinander. Und denken net drüber nach, wie sehr die Kinder unter einer Scheidung leiden. Wie solln die denn im Leben bestehen? Man muß doch bedenken, daß jeder Mensch nur soviel Freude weitergeben kann, als er in der Kindheit gekriegt hat.«

Sie selbst hat schon neun Enkerln und sechs Urenkerln Freude gemacht. Nach der Lektüre ihres Buches hat einer der Buben zu ihr gesagt: »Omi, bitte schreib weiter!« Und so schreibt sie nun in Schulhefte und auf unbedruckte Computerbögen mit gestochener Schrift über die Nazi-Zeit in Österreich. »Aber ich hab ja leider viel zuwenig Zeit«, sagt sie mit einem schelmischen Blick hinter den Brillen.

Sie geht zum Kasten und zeigt eine gehäkelte Handtasche und lustige bunte Tischdeckerln.

»Schaun S', wenn ein alter Mensch keine Arbeit mehr hat, wird er krank. Deshalb san ja die Heime alle voll mit Leut, die nix z'tuan haben.«

Obwohl sie selbst einen Stock zum Gehen braucht und auf einem Auge doppelsichtig ist, kümmert sie sich regelmäßig um eine blinde Nachbarin, nimmt aktiv an den Veranstaltungen des Seniorenklubs im Bezirk teil, putzt ihre Wohnung selbst und liest Bücher, soweit es ihre Sehkraft erlaubt. Den Fernsehapparat benützt sie selten. »Es ist viel wichtiger, daß man miteinander redet. Deshalb geh' ich oft in die Frühmesse. Nicht wegen der Kirche, sondern weil ma nachher noch zusammensteht und sich über alles mögliche unterhält.«

Als sie der Bundespräsident zu einem Gespräch einlud, nachdem er von ihrem Lebensweg erfahren hatte, reagierte sie allerdings zuerst einmal verlegen. »Was soll ich denn mit dem reden?« fragte sie treuherzig und mit jener urwüchsigen Offenheit, die sie sich in der Fernsehsendung Tritsch-Tratsch nicht zu zeigen getraut hatte. Als sie der Moderator fragte: »Was werden S' denn mit dem Geld machen, das Sie mit dem Buch verdienen?« hat sie nur geantwortet: »Da denk i net dran . . .« Die Wahrheit ist, daß sie von 4100 Schilling im Monat lebt und eine Ausgleichszulage bezieht. »Ich hätt do net im Fernsehen sagen kennan, daß ma des Geld für des Buch eh von der Renten abziehn wern.«

Aber, wie gesagt: Besitz ist nicht wichtig für sie. Glück empfindet sie, weil aus ihren Kindern was geworden ist. Ein Sohn ist stellvertretender Betriebsleiter in einer Großbäckerei, ein anderer Vorstand bei der Post, der jüngste ist Jurist.

»Die Buam haben sich schon in der Schul das meiste selbst verdient«, erzählt Frau Gremel stolz. »Der jüngste hat sogar in den Ferien im Sägewerk gearbeitet, um sich a Gwand kaufen zu können. Und während der Schul Nachhilfestunden geben, um sich die Bücher und die Hefte kaufen zu können.«

Sie macht eine kurze Pause. Denkt nach. Sagt dann: »Wissen S', ich hab des nie leiden kennan, wenn sich jemand als arm bezeichnet hat. Wenn einer a Dach überm Kopf hat und was zum Anziehn, is er net arm.« Ihre Worte begleitet die Ausstrahlung eines Menschen, dem nie was geschenkt wurde, der aber sein Dasein nicht mit Verbitterung, sondern in spielerischer Gelassenheit bewältigt hat. Jede ihrer Gesten drückt aus: Ich hab' mich immer irgendwie durchgebracht. Ich werd' es immer irgendwie schaffen.

Auf die Frage, ob sie manchmal Angst vor dem Sterben hat, lacht Oma Gremel hell auf wie ein junges Mädchen.

»Na, net a bissel«, antwortet sie spontan. »Sterben müaß ma doch alle, und wenn i rechtschaffen leb, gschieht ma sicher nix.«

Bundespräsident Dr. Rudolf Kirchschläger

Gott sei Dank hab' ich meinen Glauben

Dr. Rudolf Kirchschläger, geboren am 2. März 1915 in Obermühl, Oberösterreich. Studium der Rechte und der Staatswissenschaften. 1940 Promotion zum Dr. jur. Kriegsteilnehmer. Ab 1945 Staatsanwalt, Bezirksrichter in Langenlois, Landesgerichtsrat in Wien. 1954 Rechtsberater im Außenministerium. Später Kabinettchef der Außenminister Kreisky und Toncic. Ab 1967 Gesandter in Prag. 1970 Außenminister im Kabinett Kreisky. Seit 1974 Bundespräsident.

1918. Es war ein regnerischer Novembertag. Der Wind peitschte über den Gemeindefriedhof. Der Leichenzug bewegte sich mit unheimlicher Gleichmäßigkeit durch die Reihen der Gräber.

Es war kalt.

Der kleine Rudi verfolgte mit großen Augen, wie seine Mutter zu Grabe getragen wurde.

Er fror. Das Gefühl, die Mutter verloren zu haben, kannte er damals mit dreieinhalb Jahren noch nicht. Aber es war kalt, und es regnete und er hatte nichts Rechtes zum Anziehen, und da war »ein toter Körper, der angezogen wurde«.

Es war ein Arme-Leute-Begräbnis. Vater Kirchschläger war ein musischer Mensch, der sich nach dem Ersten Weltkrieg nicht mit Ellbogentechnik durchsetzen konnte. Er hatte ursprünglich eine Musikhandlung, wurde später Organist und arbeitete dazwischen in einer Papierfabrik im Versand.

Rudi war zwölf, als sein Vater starb. Seine Stiefmutter – das Wort Stiefmutter hat er persönlich nie über die Lippen gebracht, »weil sie ihre ganze Liebe auf mich verwendet hat« – blieb ohne Rente zurück. Sie wurde Aufräumerin am Gendarmerieposten und Schreiberin im Gemeindeamt. Monatslohn 40 Schilling. Ein Laib Brot kostete damals 50 Groschen. Allein die monatlichen Fahrtkosten zur Bürgerschule nach Steyr betrugen 11 Schilling und 10 Groschen.

Rudi verdiente das nötige Geld am Wochenende als Gehilfe des Friseurs. »Drei oder vier Kunden haben mir sogar 20 Groschen Trinkgeld gegeben. Die hab i eingseift, da hat 's Rasieren schon wie Butter gwirkt.« Wenn 's gutging, konnten sie sich einmal in der Woche eine Knackwurst leisten. Bei der Mette in der Heiligen Nacht hat er mit seiner Mutter bis zuletzt gewartet, daß die Bauern vom Abstechen ein Stück Fleisch mitbringen.

»Dann haben wir gebetet, daß es möglichst kalt ist, damit sich das Fleisch gefroren zwischen den Fenstern den Jänner hindurch hält.«

Im September 1930 bestand er die Aufnahmeprüfung für das Gymnasium in Horn. Allerdings kostete der Heimplatz für Bedürftige pro Monat noch immer 40 Schilling.

»Jetzt stand ich vor der Entscheidung: Wenn ich heimfahr und sag, die Prüfung hab ich gmacht, aber wegen der 40 Schilling konnt ich nicht bleiben, glaubt mir das niemand. Die sagen: Durchgfallen is er! Also hab ich's auf gut Glück versucht und gsagt: I bleib halt da. Daheim hab ich dann eh was bekommen. Von Leuten, denen ich die Zeitung zugestellt hab, von Bauern, die uns gern ghabt ham, und vom Bäkker, bei dem ich gearbeitet hab.«

Rudolf Kirchschläger wurde Primus in Horn. Nebenbei gab er Nachhilfestunden und arbeitete als Hilfserzieher im Konvikt. Das Lernen war für ihn keine Last, sondern ein Privileg. Jedenfalls verließ er Horn mit der Matura »schuldenfrei«. Und mit dem Entschluß, nach dem absolvierten Studium seine Herma zu heiraten, die er während der Schulzeit kennengelernt hatte.

»Er war reifer als die anderen, nicht so kindisch«, erinnert sich Herma Kirchschläger. »Das hat mich beeindruckt. Es hat mir auch gefallen, daß er Geld verachtet hat.«

»Ich habe nie unter der Armut gelitten«, bestätigte Rudolf Kirchschläger. »Ich habe das als Gegebenheit hingenommen.«

Disziplin war schon damals eine seiner hervorstechendsten Eigenschaften. Wobei ihm der Lebenssinn durch die Religion gegeben war.

»Gott sei Dank hab ich meinen Glauben gehabt. Das hat vieles leichter gemacht.«

Zum Beispiel das stundenlange Anstellen, wenn im Morgengrauen Schneearbeiter aufgenommen wurden. Zuerst kamen die Ausgesteuerten und die Arbeitslosen dran. Wenn noch eine Schaufel übrigblieb, bekam sie einer der Burschen vom naheliegenden Studentenheim in der Wiener Porzellangasse.

»Mindestens die halbe Zeit sind wir umsonst gestanden«, erzählt Rudolf Kirchschläger. »Seitdem weiß ich, daß jeder Arbeitslose zuviel ist, so wie jedes Opfer im Straßenverkehr. Aber man soll sich nicht bedauern lassen, sondern auf Teufel komm raus versuchen, selbst einen Weg zu finden. Manchmal mag er in der Änderung des Berufes liegen. Manchmal im Wegziehen von einer Gegend. Aber im Grund hilft nur der eigene Lebensmut.«

Kirchschläger hat ihn auch im Krieg bewiesen. Er kehrte verletzt von der Ostfront zurück und leidet heute noch unter den Folgen, ohne sich selbst zu bedauern.

»Besser ein lahmer Fuß als ein lahmer Kopf«, sagt er schmunzelnd. Und fügt mit jenem menschlichen Einfühlungsvermögen, das sogar seine Dienstvilla zur gemütlichen Wohnstätte werden läßt, hinzu: »Schaun Sie, natürlich werden jetzt einige Menschen sagen: ›Der hat leicht reden als Bundespräsident!‹ Aber ich habe früher auch nicht anders gedacht. Und ich war schon früher der Meinung, daß der Körper relativ stark dem Geist folgt. Es kommt halt drauf an, sich nicht allzu stark den Gefühlen hinzugeben, sondern etwas Gleichmut gegenüber der Umwelt zu bewahren. Man kann net immer nur mit Weihrauch besprengt werden. Der liebe Gott gibt einem nie die ganze Torte. Davon muß man ausgehen. Es geht eben manchmal was daneben. Das Leben läßt sich nicht mathematisch zimmern.«

Herma Kirchschläger nickt bestätigend. 43 Jahre sind sie verheiratet. Die Kinder sind erwachsen. Christa wurde Juristin, Walter ist Theologe. Sie sind anständige Menschen geworden. Und schenken ihren Eltern damit das Gefühl, daß ihre Erziehung zu Anstand und Integrität richtig gewesen ist.

»Das Pflichtbewußtsein ist heute ein bisserl verlorengegangen«, bedauert Rudolf Kirchschläger. »Wenn ich heimkomme und jammere, daß es furchtbar ist, weil ich im Büro so geschunden werde, dann kann ich nicht vom Sohn oder der Tochter verlangen, daß die anders sind.«

Er hat auch nach dem Krieg immer viel gearbeitet. Und dabei mehr gemacht, als er eigentlich tun hätte müssen. In seiner Richterzeit in Langenlois kamen die Menschen sogar mit Ehe- und Untreueproblemen zu ihm. Als Botschafter in Prag hat er 1968 Flüchtlingen Visa ausgestellt und sich die Weisung zur Zurückhaltung verbeten. Und als Bundespräsident ist es ihm gelungen, Würde mit Menschlichkeit zu verbinden. Egal, ob er Kinder bei sich empfängt, vom »Trockenlegen der sauren Wiesen« spricht oder zur Eigenverantwortung aufruft, indem er sein Buch »Der Friede beginnt im eigenen Haus« betitelt. Bei ihm weiß man, daß es keine Politikerphrasen sind.

»Viele Leute wissen leider nicht, was Liebe ist«, sagt Herma Kirchschläger. »Unsere Ehe ist wahrscheinlich deshalb so gut, weil ich meinen Mann geheiratet habe, um ihn glücklich zu machen. Das macht umgekehrt wiederum mich glücklich. Manche Frauen sind leider zu sehr ichbezogen.«

»Wir haben uns einfach gern«, sagt Rudolf Kirchschläger.

Er sieht gesund aus. Mit einem Herzflimmern hat er schon vor Jahren leben gelernt. In nächster Zeit will er sich wieder zur Routineuntersuchung ins Krankenhaus begeben.

»Wenn man in Schwung bleibt«, meint Rudolf Kirchschläger, »tut man relativ genausoviel für seine Gesundheit, wie wenn man sich schont.« An seinem Bett im Krankenhaus werden sicher Bücher liegen. Er liest gern Rilke, Nietzsche, Jaspers oder – wie im Moment – religiöse Werke.

»Manchmal besorg ich mir auch alte Zeitungsbände aus den Jahren 1946 oder 1920«, erzählt unser Bundespräsident. »Wenn man sie liest, klagt man nicht mehr über unsere angeblich so schreckliche Welt. Da denkt man sich: Mein Gott, es ist eigentlich recht schön, daß ma jetzt leben.«

Sigi Maron

Aufstand im Rollstuhl

Sieben Stiegen sind nicht viel für einen gesunden Menschen. Für einen Behinderten im Rollstuhl sind sie ein unüberwindbares Hindernis.

Sigi Maron ließ sich nicht gefallen, daß die Architekten seiner Genossenschaftswohnung ihr Einfühlungsvermögen zwischen Kostenvoranschlägen verloren hatten. Er protestierte. Und fährt jetzt mit einem Außenlift direkt von der Straße in die Küche.

»I wehr mi gegen Gedankenlosigkeit«, sagt er energisch und fuchtelt dabei mit den Armen. »Die Gesellschaft is verpflichtet, dafür zu sorgen, daß alle Menschen menschenwürdig wohnen kennan. Panzer kennan s' ja a bauen . . .«

Bittsteller sind für ihn »Schleimer«. Die »würdige, nette Art«, meint er, führt zu nichts. »Du muaßt di auf die Füaß stellen und di wehren. Wenn i mi ›wohlverhalten‹ hätt, tät i heit no die 7 Stiagn obefahrn.« Maron ist unbequem. Ein Mann mit der Urkraft des Sängers Konstantin Wecker. Nur eben noch eine Spur aggressiver, weil er dem diskreten Charme der Dummheit nicht körperlich in den Hintern treten kann. Was ihn nicht daran hindert, pro Jahr rund

80 Konzerte zu geben. Die Hälfte davon sind Benefizveranstaltungen. Maron spielt in Gefängnissen, in psychiatrischen Anstalten, in Jugendzentren, bei Friedenskundgebungen. Auf der Gitarre klebt ein Anti-Zwentendorf-Pickerl.

Er sagt: »Wo der Mensch im Mittelpunkt steht, derf's ka Atomkraftwerk geben.«

Seine Lieder sind Plädoyers für die Schwachen. Leo, den sie ins Irrenhaus gesperrt haben, weil er »mitten in der Nacht einen Engel« gesehen hat, läßt er betteln: »Loßts mi wieda außi, loßts mi wieda ham / I mecht wieda Blumen segn und Vogerln in de Bam.« Die Korruption mancher Politiker (»A Bund Hadern«) prangert er ebenso an wie den Gastarbeiterhaß und die Neo-Nazis.

»I kann ka Ungerechtigkeit vertragn«, sagt Maron. »I kann des afoch net akzeptieren, daß in der dritten Welt zwa Drittel der Menschen hungern und wir uns daweul deppert fressen.«

Gehungert hat er selbst nie. Er ist in einer Arbeiterfamilie gemeinsam mit sechs Geschwistern aufgewachsen. Wurde 1956 ein Opfer der Kinderlähmungsepidemie.

»Plötzlich hab i a steifes Gnick ghabt und fürchterliches Kopfweh, und dann hams mi drei Monat an die eiserne Lungen ghängt.«

Deprimiert war er trotzdem nicht, »weil i in die Waldschule in Wiener Neustadt kumman bin. Durt fallt's da net auf, daß d' behindert bist, weil alle was ham. Da war jeder stolz, wenn's eam a bissel besser als dem andern gangen is.«

Sigi maturierte 1963, arbeitete als Buchhalter in einem Kurheim und lernte Ingrid kennen.

»I hab mi sufurt in sie verliabt.«

Ingrid ist gesund.

»I hab nie mit eam Mitleid ghabt, weil er wesentlich aktiver als die andern Behinderten war«, erinnert sie sich. »Er war überall mit von der Partie, hat Musik gmacht und sich für ollas interessiert.« 1968 haben sie geheiratet. 1969 kam Karin auf die Welt, vier Jahre später Nina.

Mit der Geburt der zweiten Tochter entschloß sich Sigi, Hausmann zu werden.

»I hab damals grad a Pension bekommen, und die Ingrid hat beim Organisieren von Veranstaltungen mehr als i verdient, also war's gscheiter, daß i mi um die Kinder kümmer.«

Er hat gelernt, mit dem Staubsauger umzugehen, zu kochen (Spezialität: Salzburger Nokkerln) und die Betten zu machen. Das Familienleben gibt ihm Wärme und Rückhalt.

»Du waaßt, wost hinghörst.«

Schwierig sind die Vormittage, seitdem die Kinder in die Schule gehen. Da fühlt er sich einsam, nimmt die Gitarre zur Hand und »schreib ma ollas obe«. Das Gefühl von Hilflosigkeit überfällt ihn auch bei »Zeit im Bild«.

»Aber gleichzeitig überkummt mi des Verantwortungsbewußtsein. Mir müassn alle was tuan, damit's besser wird.«

Er reißt fahrig eine Stange Zigaretten auf. Dreimal pro Jahr muß er eine Kur machen, um den Streß von Plattenproduktionen, Konzerten und Aufgaben im Haushalt zu verkraften. Ohne das Gefühl, daß er gebraucht wird, würde er die Anstrengung nicht bewältigen. »Die an verteiln Flugzettel oder machen a Skulptur wia der Hrdlicka. I mach Liader, damit die Menschen offener wern für unsere Probleme. Und damit's meine Kinder net amal so ham wia im 33er-Jahr und beim Hitler.«

Leicht macht er sich das nicht. Jahrelang wurde Maron im Rundfunk kaum gespielt. Man hat ihn als »Fäkalien-Sänger« abgetan. Nicht ganz zu Unrecht. »Oasch«, sagt er eben lieber als Popo. »I bin a Prolet«, erklärt Maron, »und mei Muttersprach is der Dialekt. I wüll mi net anpassen, damit i mehr Platten verkauf. Dann kann i mi nimma in Spiagel anschaun, weul ma graust. I glaub, daß der Mensch a Moral haben muaß.«

1980 kam es vor dem Wiener Funkhaus zu einem Skandal. Maron pinkelte auf das Gebäude. »Mitn Rollstuhl hab i über di Stiagn net fahren kennan. Und drinnen kann i damit net ins Häusel eine, weil die Türn zu schmal san.«

Als er dann noch mit dem Rollstuhl gegen die Einbahn fuhr, wußten die herbeigerufenen Polizisten keine andere Lösung, als ihn zu verhaften und ins Irrenhaus einzuweisen. »An Ausweis hab i a net mit dabei ghabt«, begehrt Maron auf. »Aber san mir in an Polizeistaat?« Nach 24 Stunden wurde er entlassen und fand seine Meinung über die Willkür der Obrigkeit bestätigt.

»Waun i net bekannt gwesen wär, hättn mi di wochenlang eingsperrt.« Maron sackt bei diesen

Worten im Rollstuhl zusammen. Er braucht zehn Stunden Schlaf pro Tag, um Energie für den Aufstand zu haben. Um ein Gegengewicht zu sein zu »den Sachen, die zudecken«. Zum »Blabla der neuen deutschen Welle«. Maron glaubt an ein Utopia. An einen Sozialismus, der nicht nur auf dem Papier die Gleichheit der Menschen garantiert. Und an das Gute im Menschen. »Die Leut ham aus dem Zweiten Weltkriag gelernt«, behauptet er voll Idealismus und mit jener Naivität, die Träumer vor dem seelischen Bankrott bewahrt. »Schau da do die alten Leit an. Sie gengan zwar net selber auf die Straßen, um fir den Frieden zu demonstrieren. Aber sie lassen mi gehn. Des is do a scho was Positives.«

»Der Tag is net weit« lautet der Titel seiner neuen LP. Die Produktion hat internationales Format. Maron nahm seine »apokalyptischen Lieder« gemeinsam mit Kevin Coynes Gitarristen Bob Ward in London auf. In Deutschland hat ihm das Nachrichtenmagazin »Der Spiegel« eine Story gewidmet. Woraufhin auch Ö 3 erkannte, daß Maron interessante Texte schreibt und das Liebeslied an seine Frau »In deinen dunkelbraunen Augen« zu spielen begann.

Für Sigi ist diese Entwicklung die Bestätigung, daß man keine Kompromisse eingehen soll.

»Es wird immer wieder Rückschritte geben«, sagt er nachdenklich. »Also kann ma des ollas nur als langsame Entwicklung sehn. Aber waun i von hundert Liader mit an was erreichen kann, dann war des ollas net umsunst.«

»Gemeinsam arbeiten, gemeinsam verdienen« – das Tischler-Team

Die tapferen Tischler aus Göpfritz

August 1981. Auf den Urlaub folgt der Schock. Die Zweigstelle der Tischlerei Berein in Schrems wird geschlossen. 50 Arbeitnehmer verlieren ihren Job. Die meisten haben Familien zu versorgen. In Anbetracht der schwierigen Wirtschaftsverhältnisse im Waldviertel ist der Arbeitsplatzverlust eine Katastrophe. Die eine Hälfte der Männer entschließt sich zum Pendeln. Einige fahren rund 200 km bis nach Lofer in Tirol! Die anderen basteln an einem gewagten Projekt: Sie wollen einen Tischlereibetrieb in Selbstverwaltung aufbauen.

September 1981. Gesprächsrunden im Wirtshaus. Detaillierte Planung. Vorsprachen im Sozialministerium und beim Berglandaktionsfond. Spott im Waldviertel. Viele halten die Männer für »Revoluzzer«, das Projekt für ein »Hirngespinst«. »Die ham do gar ka Ahnung, wia ma an Betrieb führt . . .«

Oktober 1981. Der Ämterspießrutenlauf zehrt an den Nerven. Die ersten Arbeiter steigen aus. Das Stempelgeld reicht nicht. Andere pfuschen nebenbei.

November 1981. Warten. Ehefrauen werden

unruhig. »Ihr seids nie z'Haus und Geld bringts a kans ham. Habts ihr Freundinnen oder gehts auf Gaudée?« Einige Männer bringen Tonbandgeräte zu den Sitzungen mit, um ihre Frauen von den Bemühungen zu überzeugen.

Dezember 1981. Winterwetter. Kälte. Depressionen. Wieder geben ein paar Männer auf: »Das wird nix mehr.« Die Verbliebenen bestärken sich gegenseitig in ihrem Vorhaben. »Wir werden schon noch eine Subvention bekommen!« Zu Weihnachten machen sie bescheidene Geschenke und lachen für ihre Kinder.

Jänner 1982. Schnee und Steine im Weg. Die Suche nach einer entsprechenden Halle für die Tischlerei bleibt erfolglos. Vierzig verschiedene Gebäude haben sie besichtigt. Jedesmal bekamen sie nach einigen Tagen eine negative Antwort, obwohl die Anlagen ursprünglich zu vermieten waren. Wer das ist, wissen sie nicht. Das Wort »Mafia« fällt immer wieder. Mafia? »Ja«, sagen die Männer. »Eine Gruppe von Unternehmern, die den Stundenlohn möglichst gering halten will. Schon die Tischlerei Berein hat Drohanrufe bekommen, weil sie regional überdurchschnittliche Löhne bezahlt hat.«

Februar 1982. Wieder ist die Gruppe kleiner geworden. Ende Februar wird die Arbeitslosenunterstützung eingestellt. Aus dem Bundeskanzleramt dringen Gerüchte, daß die Subvention so gut wie fix sei. Aber definitiv ist noch gar nichts. Jetzt heißt's durchhalten. Gerade jene Ehefrauen, die am Anfang skeptisch waren, sagen: »Machts weiter, das steh' ma auch noch durch.«

März 1982. Die Arbeitslosen initiieren einen Fortbildungskurs für Betriebsführung. Ein Lichtblick verdunkelt sich schnell wieder: Ein Waldviertler Baumeister hat ihnen zugesichert, eine entsprechende Halle zu bauen und mit der Rechnung zwei Jahre zu warten. Als sein Angebot bekannt wird, widerruft er ohne Begründung. Die Arbeitslosen sind sich einig: »Das war die ›Mafia‹. Der hätt' sonst keine Aufträge mehr bekommen.«

April 1982. Nur mehr acht Männer halten durch. Zusammenkünfte in Wirtshäusern werden zum Spießrutenlauf: »Na, ees Spinna, was is mit einer Firma?« »Wenn net bald was gschicht, kenn ma wirklich einpacken«, sagt abwechselnd einer der acht Männer. Aber noch immer gibt es jeweils sieben andere, die dann vom »Aushalten« sprechen.

25. Mai 1982. Ein Freudentag. Die Subventionen werden zugesichert. Eine Million vom Sozialministerium, eine Million vom Berglandaktionsfond. Ein Fest wird gefeiert. Eine weitere gute Nachricht trifft ein. Die Tischler bekommen von einer Familie in Göpfritz eine 250 m²-Halle mit angrenzendem Büro für 6000 Schilling Monatsmiete zur Verfügung gestellt. »Sechts, Freunde«, sagt der Tischler Reinhard Hofbauer. »Hilf dir selbst, dann hilft dir Gott!«

1. Juni 1982. Die Mischmaschinen knarren.

Ein Heizraum wird gebaut, eine Absauganlage installiert, die Werkstatt mit Maschinen eingerichtet. Jeder der acht Männer nimmt einen Kredit in der Höhe von 27.000 Schilling auf und wird somit Gesellschafter der Firma. Weitere Investition pro Mann: 150 Gratisüberstunden. Die restliche Finanzierung erfolgt über Spenden und einen Verein, dessen Mitglieder wiederum die Gesellschafter sind. »Früher«, sagt einer von ihnen, »war ma nach fünfe alles egal. Jetzt lieg i sogar in der Nacht und studier, wia ma am besten morgen weitermachen.«

12. September 1982. Eröffnungsfeier. Sozialminister Dallinger ist Ehrengast. Die neuen Unternehmer präsentieren stolz ihr Programm. »Wir machen alles, was aus Holz ist. Von der Einbauküche bis zum Schrebergartenhaus.«

Jänner 1983. Der Betrieb floriert. Ebenso ihr Gemeinschaftskonzept. Rechtlich ist der 28jährige Fritz Bergmann Geschäftsführer. »Aber in der Praxis passiert's öfter, daß i bei unserer monatlichen Sitzung niedergestimmt werde.« Auch über das Gehaltsschema wird offen diskutiert. Bergmann bekommt 12.000 Schilling netto pro Monat. Die Tischler erhalten 8000, der Einrichtungsplaner Emmerich Fessl 10.000. Inzwischen haben sie vier Lehrlinge aufgenommen. Darunter ein Mädchen als Sekretärin, die bisher als Köchin in einem Kloster arbeiten mußte, weil sie in der Region keinen Arbeitsplatz gefunden hatte.

Das Selbstbewußtsein ist in der Waldviertler Holzwerkstatt greifbar geworden wie die Produktion. »Wir sind draufgekommen, daß man immer überleben kann«, sagt der Tischler Hubert Lamberg. »Man darf nur nicht bis zur Pension in einem Gleis fahren. Wenn's notwendig ist, muß man eben auch einen Beichtstuhl machen können.« »Als nächstes bau ma an Beichtstuhl für Politiker«, sagt Reinhard Hofbauer und erntet allgemeine Zustimmung in der Runde.

Auf einige Waldviertler Politiker sind die Tischler aus Göpfritz nicht gerade gut zu sprechen. »Wennst arbeitslos bist, giltst als Tachinierer. Und wennst an Betrieb wie wir aufbaust, bist a Kommunist.« Im Waldviertel ist die Abnahmebereitschaft auch viel geringer als in Wien oder in Linz. Also fahren sie eben dorthin und sind damit bisher recht gut gefahren. Mit ihrem selbstkalkulierten Stundenlohn von 70 Schilling liegen sie unter dem Durchschnitt der Bundeshauptstadt. Inzwischen hat ihr mutiges Verhalten auch die Anerkennung des ORF gefunden. Ein Fernsehteam kam nach Göpfritz. »Denen hat des sehr imponiert«, erzählt Fritz Bergmann. »Aber etwas war seltsam: Jedesmal, wenn i von der ›Mafia‹ zu reden begonnen hab', is bei denen der Film g'rissen . . .«

Robert und Einzi Stolz

Ein Band für die Ewigkeit

Die Witwe sitzt in jenem Sessel, den ihr Mann seinerzeit besonders geschätzt hat.

Die Witwe trägt ein schwarzes Kleid, schwarze Strümpfe, schwarze Schuhe.

Sie trägt schwarz, seitdem ihr Mann am 27. Juni 1975 im Berliner St. Franziskus-Spital in ihren Armen gestorben ist.

Sie trägt schwarz, weil sie keine Zeit hat. Keine Zeit für modische Spielereien.

Zeit, sagt sie, ist das Kostbarste was sie hat. Zeit läßt sie sich von niemand stehlen.

Sie sagt es mit einem Hauch von Aggression.

»Ich bin von einem missionarischen Geist ergriffen. Ich habe das Vermächtnis meines Mannes zu erfüllen. Ich will den Menschen auf der ganzen Welt mit seiner Musik Freude machen. Das ist die Kontinuität in meinem Leben und zugleich die Rettung. Sonst hätte ich mich nach seinem Tod sofort umgebracht.«

Drei optische Zeichen künden von ihrer Mission: Die Uhr, der Ring und die Krawattennadel ihres Mannes. Er hat am Sterbebett zu ihr gesagt: »Du wirst sie ewig tragen.«

Sie macht, was er gewünscht hat.

Einzi Stolz verbindet ein Band für die Ewigkeit mit ihrem Mann. 35 Jahre hat sie mit dem großartigen Komponisten und Dirigenten Robert Stolz zusammengelebt.

»Ich habe nie jemand so wie ihn geliebt.«

Die Wiener Wohnung, in der wir miteinander sprechen, befindet sich in einem Liechtenstein'schen Palais aus dem Jahre 1853. Robert Stolz hat sie in den dreißiger Jahren bezogen. Zehn prächtige Zimmer sind eingerichtet mit Antiquitäten und Kostbarkeiten. Hunderte Photos von Persönlichkeiten, die Robert Stolz verehrt haben, sind zu sehen: Leonard Bernstein, Anneliese Rothenberger, Rudolf Schock, aber auch Kardinal König. Ehrenurkunden aus der ganzen Welt. Eine Rose, verpackt in Zellophan, darauf die Widmung: Robert Stolz in Dankbarkeit für seine unvergeßlichen Melodien – von der Stimme Österreichs in Westaustralien. Es gibt unzählige goldene Schallplatten und Pokale. In einer Ecke hängen noch immer die Kranzschleifen vom Begräbnis. Daneben türmen sich Platten, Robert Stolz-Biographien, Musik- und Videokassetten. Dokumente, die beweisen, daß der Meister gestorben, aber nicht tot ist.

Einzi hat den Kampf aufgenommen.

»Ich bin in Verbindung mit der ganzen Welt. Ich gebe mein ganzes Geld aus für Promotion. Egal, wo Sie hinfahren, nach Tibet oder auf die Seychellen – überall werden Sie die Musik von Robert Stolz hören.«

Sie schickt die Platten an alle Radiostationen. Läßt von den Botschaften ihre Briefe in die jeweilige Landessprache übersetzen. Beschäftigt zahlreiche Mitarbeiter für den Versand von Biographien und sonstigen Presseinformationen. Veranlaßt, daß Briefmarken mit dem Konterfei ihres verstorbenen Mannes gedruckt oder Lieder neu aufgenommen werden.

Einzi war's, die Milva, Nana Mouskouri und James Last überredet hat, Stolz-Lieder zu singen bzw. zu spielen. Einzi war's, die es geschafft hat, daß der kleine Platz zwischen Elisabethstraße und Ring den Namen Robert Stolz erhielt. Und Einzi war die Drahtzieherin, als 1980 zu seinem hundertsten Geburtstag unzählige Feiern über die Bühne gingen.

Das hat ihr Neid beschert. Man hat sie als lästige Witwe bezeichnet. Ihr krankhaften Ehrgeiz vorgeworfen. Aber bei all der Mißgunst nicht bedacht, was eigentlich schon Kinder in der Schule lernen sollten: »Don't judge anybody, until you read his diary! Beurteile niemand, bevor du nicht sein Tagebuch gelesen hast.«

Womit wir in den Aufzeichnungen der Einzi Stolz zurückblättern. 1939. Ein junges Mädchen namens Yvonne Luise Ulrich lebt in Paris. Sie studiert an der Sorbonne. Und verkehrt in den Kreisen deutscher Emigranten. Paul Abraham gibt ihr einen Spitznamen: Einzi! »Yvonne Luise ist viel zu lang«, erklärt er. »Wir nennen dich Einzi, weil du in Paris die einzige bist, die niemals nein sagt, wenn man sie um Hilfe bittet.«

Einzi verfügt über Geld, Beziehungen und einen reichen Ehemann. Sie stammt aus dem Elsaß, hat vier Geschwister und einen erfolglosen Schriftsteller als Vater, der ihr Altruismus vorlebt und ihr Leben prägt.

»Mein Vater war mein Vorbild. Er hat jedes Opfer gebracht, um anderen zu helfen.«

Als eine Sekretärin gesucht wird, meldet sie sich. Ihr Chef ist ihr zukünftiger Mann. Einzi beschließt zu studieren. Und entwickelt sich zur Helferin in der Not. Vom Konto ihres Mannes fließen kontinuierlich Summen in die Taschen der deutschen Emigranten.

Am 18. Oktober 1939 lernt sie Robert Stolz im Restaurant »Crystal« kennen. Stolz geht es mies. Seine Frau ist gerade mit dem gesamten Geld und einem Liebhaber durchgebrannt.

»Mir ist sofort das Herz stehen geblieben«, erinnert sich Einzi. »Von der Ferne hat er ausgesehen wie mein Vater. Groß, blond, blauäugig.«

Die 40 Jahre Altersunterschied stören sie nicht. Es ist ihr auch egal, daß Stolz ohne einen Sou übrig geblieben ist. Als er von den Franzosen verhaftet wird, holt sie ihn mit einer hohen Bestechungssumme aus dem Internierungslager.

In ihrer Biographie »Servus Du« kann man nachlesen, was dann alles geschah: Die Emigration nach Amerika. Die Armut. Die Resignation. Der Zufall. Sie hatten schon alles verpfändet und warteten nur noch auf den Rausschmiß aus dem Untermietzimmer, als ein von Berlin nach New York emigrierter Musiker Robert Stolz auf der Straße erkannte und ihm einen Job als Dirigent in der Carnegie Hall vermittelte.

Was Einzi heute resümieren läßt: »Wenn die Nacht am schwärzesten ist, ist die Morgenröte nicht mehr weit!«

Nach dem Krieg wird Robert Stolz wieder in Europa als Walzerkönig gefeiert. Einzi ist immer dabei. Eine bildschöne Frau. Auf Photos lächelt sie »cheese«. Und muß Leute in Kauf nehmen, die sie für eine eiskalt-berechnende Frau halten.

Nun, inzwischen weiß man, was sie alles für Robert Stolz getan hat. Sie war seine Managerin, seine Kameradin, seine Krankenschwester. Robert Stolz litt an Klaustrophobie. An unregelmäßig auftretenden Angstzuständen. In der Wohnung mußten die Fenster immer geöffnet sein. Im Theater reservierte man ihm einen Ecksitz.

»Da konnte man mit Medikamenten nichts machen«, erinnert sich Einzi. »Da kann man zu einem Menschen nur lieb und zärtlich sein. Wenn er in der Nacht aufgewacht ist und gestöhnt hat: ›Ich halt's nicht mehr aus‹, bin ich mit ihm spazierengegangen.«

Robert Stolz hat sie manchmal »Mami« genannt. Einzi war für das Nesthäkchen einer 12köpfigen Grazer Familie eine Art Mutterersatz. Welche Rolle die Mutter in seinem Leben gespielt hatte, sollte sie erst an seinem Sterbebett erfahren. Robert Stolz stöhnte damals: »Mama, Mama, ich habe mein Wort gehalten. Ich habe den Namen Stolz in alle Welt getragen.«

»Die Mutter«, erzählt Einzi, »hat den Robert immer gegen die Geschwister verteidigt und zu ihnen gesagt: ›Ihr werdet's schon noch sehen! Der Robert wird der einzige sein, der dem Namen Stolz Bedeutung verschafft.‹ Offensichtlich war das der lebenslange Antrieb für seine Arbeitskraft und seine Disziplin.«

Diszipliniert ist sie selbst. Jeden Morgen steht sie um halb sechs Uhr auf. Es fällt ihr nicht leicht.

»Aber ich reiße mich zusammen. Kaltes Wasser ins Gesicht und ich bin munter. Die Zeit hat schließlich Grenzen. Wenn das Leben ein Tag ist, dann ist es für mich fünf Uhr nachmittag.«

Man sieht ihr nicht an, daß sie die Sechzig schon überschritten hat. Sie beschäftigt sich eben kaum mit sich selbst. Zuerst kommt das Vermächtnis von ihrem Robert, dann ihre Tochter Clarissa aus erster Ehe und die beiden Enkelkinder, die sie regelmäßig in Paris besucht. Eine weitere Antriebskraft: Sie gibt gern!

»Je mehr du gibst«, sagt Enzi, »desto mehr kommt zurück.«

Das war schon so, als der Robert noch gelebt hat. Da haben sie jedes Jahr zu Weihnachten Packerln mit Kaffee, Schokolade und Zigaretten gemacht, den Volkswagen damit angefüllt und Leute in Wien beschenkt, die gerade Dienst hatten. Polizisten, Portiers usw. Noch heute spendet sie caritativen Organisationen, schickt Nahrungsmittel in Ostblockländer und gibt großzügige Trinkgelder.

Unlängst hat eine Bekannte getadelt: »Gib den Sandlern beim Naschmarkt nicht so viel Geld. Die versaufen doch alles und machen sich kaputt.«

Da hat die Enzi milde gelächelt und geantwortet: »Sollen sie doch, ich kann sie nicht umerziehen. Und wenn sie sich damit eine halbe Stunde Seligkeit kaufen können, ist es gut.«

Manchmal gibt's natürlich Momente, da man nichts von ihrer Energie und Hilfsbereitschaft spürt. Sie sitzt dann im eingangs erwähnten Sessel ihres Mannes und lauscht seinen Worten, die er in den letzten Lebensjahren für sie auf Tonband gesprochen hat. Er redet von seinem »geliebten Einzele«, bedankt sich für ihre Liebe, für die Pflege, den Optimismus, für ihr gutes Herz. Er verspricht ihr, daß »im Himmel einmal ein Platz« für sie reserviert sein wird. Es sind die Worte eines vom Tode gezeichneten Mannes. Warmherzigkeit und Dankbarkeit schwingen mit. Es ist die schönste Liebeserklärung, die sich eine Frau nur wünschen kann.

In diesen Momenten vergißt Einzi ihren Willen zum Kampf. Sie fühlt sich müde, träumt von der gemeinsamen Zeit, spürt ein erfülltes Leben hinter sich. Sie macht dann den Eindruck eines Menschen, der schon abgeschlossen hat. Für den Besucher zitiert sie, auf diesen Eindruck angesprochen, einen Satz von Theodor Dreiser:

»Alles geht vorbei, alles geht vorüber.
Und wer nicht Selbstmord begeht,
der bleibt über.«

Folke Tegetthoff

Märchen bezaubern die Menschen

Auf die Bühne geht er mit einem Rucksack von Gefühlen. Den leert er dann vor dem Publikum aus.

»Zuerst mußt du die Ehrlichkeit finden, die du in dir selbst hast«, sagt er den Menschen. »Dann kannst du in dir selbst leben und mit anderen. Dann brauchst du dich nicht mehr verleugnen. Das ist gut so. Denn alles Verlogene hinterläßt in dir einen kleinen Knoten.«

Deshalb sagt er bei seinen Lesungen nicht wie viele Showprofis zu Beginn: »Ich freu' mich, hier zu sein, weil Sie ein tolles Publikum sind.« Statt dessen gibt er zu: »Ich kenn Sie ja noch gar nicht. Zuerst muß ich mich wohl fühlen. Erst dann kann ich das Wohlfühlen an euch weitergeben. Dann könnt ihr euch wohl fühlen.«

Wohlbehagen verspürt das Gros seines Publikums, das sich vom Kleinkind bis zum Greis erstreckt. Eine Stecknadel kann man fallen hören, wenn er die Liebesgeschichte vom Olivenbaum und der Raupe erzählt, die sich auch dann nicht trennen, als aus der Raupe ein glänzender Schmetterling wird. Ein Aufatmen geht durch den Saal, als aus der häßlichen Prinzessin Pampelfedia ein hübsches Mädchen mit leuchtenden Augen wird, weil sie die Insel »Liebe« als Zufluchtsort vor dem Spott ihrer Umwelt wählt. Ein Lächeln huscht über die Gesichter, als der schöne Drache lernen muß, daß man ruhig äußerlich häßlich sein kann, wenn man innerlich schön ist.

Folke Tegetthoff – ein Nachfahre des Seehelden, um gleich alle »Das ist doch . . .« – Zweifel zu beseitigen – erfüllt die Sehnsucht nach einfachen Werten. Man freut sich, staunt, lacht und spürt als »Erwachsener« jenes Kind, das im Grunde in jedem von uns steckt. So kann es passieren, daß würdige alte Herren wie Babys die Augen aufreißen, wenn Tegetthoff riesige Seifenblasen als Bildschirm der Phantasie zu blasen beginnt. Da spüren viele wieder den Hauch der Menschlichkeit. Würde und Ernsthaftigkeit fallen ab wie ein lästiges Korsett.

»In der Schul' war ich ein verwöhnter, oberflächlicher Mensch und hab' nicht erkannt, wo die wahren Werte liegen«, sagt Folke. »A richtiger Oarsch bin i gwesen.«

Auf jeden Fall war er das Nesthäkchen einer bürgerlichen Familie. Der Vater verdiente sein Geld als Maschinenbauer, die Mutter versorgte den Haushalt. Folke wurde von drei älteren Schwestern verwöhnt. In der Schule gab's dauernd Schwierigkeiten.

»Das, was in mir war, wurde total unterdrückt. Manchmal war unsere Wohnung a richtiges Schulschwänzerheim. Die Mutti hat viel

Verständnis gehabt. I hab mi nie fürs Weinen genieren müssen.«

Er maturierte und begann mit dem Medizinstudium, weil der Vater das von ihm verlangte. Als er 22 war, verließ ihn seine Freundin, mit der er fünf Jahre lang zusammengewesen war.

»Ich hab' mich nie mit flüchtigen Bekanntschaften getröstet.«

Eine Welt brach für ihn zusammen.

»Ich hab' eben an die Liebe geglaubt.«

Mit 30.000 Schilling, die er sich bei Ferienjobs erspart hatte, flüchtete Folke 1976 auf die Insel Ibiza. Auf der Suche nach seiner Identität. Er schrieb seine Gedanken nieder, schaute bewußt in die Luft (»Die schwierigste Arbeit, die es gibt!«), beschäftigte sich mit der Natur.

»Ich bin draufgekommen, daß jedes Blatt, jeder Grashalm, jede Fliege gleichviel wert ist wie ich. Und daß ich im Verhältnis zum All und unserer Schöpfung nix bin. Gleichzeitig hab' ich mein Selbstbewußtsein gefunden und zu mir gesagt: ›Ich bin der Größte, eben weil ich Teil dieser Schöpfung bin.‹«

Nach einem Jahr »zipfte« ihn das sonnige Spanien an. Er übersiedelte zu seinem Bruder, dem Schlagersänger Johnny Hill, nach Hamburg, schrieb Werbetexte, arbeitete als Organisator von Veranstaltungen und heuerte zwischendurch auf einem Passagierschiff als Steward an.

»Das war kein Gefühl der Nostalgie für den Willi, meinen Vorfahren. Ich wollte diesen Job einmal kennenlernen. Und es war wichtig für meine Menschbildung. Man hält unheimlich zsamm an Bord. Da zählt nur mehr der Mensch und nicht mehr das Milieu.«

1978 fragte ihn ein Rundfunkmann, ob er ein Märchenhörspiel schreiben könne. Folke sagte spontan ja, »obwohl i davon ka Ahnung ghabt hab«. Mittlerweile ist er schon 500mal als Märchenerzähler aufgetreten und hat sechs Bücher geschrieben. Vor zweieinhalb Jahren hat er die Astrid kennengelernt. Seine Märchenfee. Vor drei Monaten haben sie in Graz geheiratet.

Astrid kommt aus Holland. Sie hat Psychologie und Pädagogik studiert. Fad ist es jedenfalls nie bei den Tegetthoffs.

»Wir streiten viel«, sagt Astrid. »Man soll zwar einen Partner akzeptieren, respektieren und achten, das heißt aber nicht, daß es keine Reibungspunkte gibt.«

»Es wär' furchtbar, wenn unsere Liebe wie ein Strich aussehen würde«, meint Folke. »Dann wären wir keine eigenständigen Menschen.«

Astrid bringt eine Spieluhr. Ein tanzender Clown ist hinter einer Glasvitrine zu sehen. Wenn man eine Lade aufmacht, beginnt er zur Musik zu tanzen.

»Das war das erste Geschenk vom Folke«, sagt Astrid. »Er hat mir dazugeschrieben: Ich will nicht dein Hampelmann sein!«

Sie blickt ihn schelmisch an.

»Und er ist es doch worn . . .«

»Jetzt reicht's«, sagt Folke lachend.

Astrid legt ihm die Arme um den Hals.
»Komm her, Schatzel . . .«
Gemeinsam werden die beiden bis Mai 1984 in 25 Staaten der Welt unterwegs sein. In Tokio, Hongkong, Djakarta, Rio de Janeiro, London, Kairo usw. Folke wird überall einen Märchenbaum als Symbol für Phantasie, Kreativität und Liebe pflanzen. Und von seinen Kobolden, Feen und Zwergen erzählen. Um den Menschen zu sagen: »Eine Änderung der Gesellschaft kann nicht dauerhaft sein, wenn sie über Revolutionen erfolgt. Das kann nur über die Phantasie jedes einzelnen geschehen, indem er bei sich selbst beginnt.«
Für die Zeit nach der Welttournee haben Astrid und Folke bereits konkrete Pläne.
»Wir wollen eigene Kinder haben«, sagt Folke und nimmt seine Frau liebevoll bei der Hand. »Ein Kind zu haben, ist das Optimalste. Erst dann kann man das Leben wahrscheinlich wirklich begreifen.«

Erich Schmid

Lernen macht mir Freude

Im Hörsaal legt er die Blindenschreibmaschine auf die Oberschenkel. »Damit sie weniger Lärm macht und damit ich die anderen Studenten nicht störe.«

Erich Schmid (27) ist blind seit seiner Geburt. Als Lehrer am Wiener Blindenerziehungsinstitut und beim Studium der Germanistik beweist er täglich, daß ein Blinder oft mehr sieht als jemand mit gesunden Augen.

»Ich halte nichts davon, die Leute aggressiv aufmerksam zu machen: ›Schauts her, ich bin blind!‹ Damit macht man sich keine Freunde«, sagt Erich Schmid.

Er hat viele Freunde. Und viele Interessen: Gitarre, Klavier, Karten, Schach. Als er siebzehn war, hat ihm der Vater ein Tandemfahrrad geschenkt und ist gemeinsam mit ihm nach Paris gefahren. Das Fahrrad besitzt er noch immer. Und fährt im Sommer regelmäßig mit Freunden auf die Wiener Donauinsel.

»Ich habe sehr viel Glück gehabt im Leben«, sagt er voll Überzeugung. »Meine Eltern haben mir Geborgenheit geschenkt und mich nicht wie einen Behinderten behandelt.«

So hat er die Matura mit Auszeichnung im Neusprachlichen Gymnasium Baden unter lauter »Sehenden« gemacht. War im Internat ebenso der einzige Blinde wie später an der pädagogischen Akademie, wo er die Fachrichtungen Deutsch und Musik wählte. »Mein Glück war, daß ich in Strebersdorf in einem kleinen Internat mit nur achtzig Betten gelebt habe. Da lernt man einander schnell kennen. In einem Riesenheim mit hunderten Zimmern hätte ich den Überblick verloren.«

Was in Anbetracht seiner Selbständigkeit nicht unbedingt gesagt ist. Erich Schmid fährt sogar allein mit der Straßenbahn zur Universität, nachdem ihn ein Freund mit der Strecke vertraut gemacht hat. Ohne Blindenstock, weil er zwei Taschen tragen muß. In der einen befindet sich die Schreibmaschine, in der anderen sind Skripten. Man muß sich vorstellen: Allein der Duden in Blindenschrift verstellt in seiner Wohnung eine Wandfläche von zwei Metern. Das Englisch–Deutsch-Wörterbuch beansprucht zusätzlich drei Meter. »Deshalb hab' ich jetzt in eine größere Wohnung umziehen müssen«, erklärt Erich Schmid.

Er lebt allein. Kommt gut zurecht. Vom Kaffeekochen bis zum Blumengießen. Und wenn Literatur zu studieren ist, die es noch nicht in Blindenschrift gibt, lesen Eltern oder Freunde für ihn den Text. Erich nimmt dann alles mit seinem Tonbandgerät auf. Besitzt schon mehrere hundert Stunden an gesprochenem Wort. Die

Quantität des Lernstoffes beunruhigt ihn nicht. »Du mußt dir nur eine gewisse Ordnung angewöhnen. So wie ich gleich die Kaffeehäferln wegräume, damit ich sie später nicht umschmeiß', so weiß ich auch ganz genau, wieviel ich mir beim Lernen zutrauen kann.«

Er lernt ungefähr zehn Seiten in der Stunde. Hat einen bestimmten Tisch in der Wohnung, an dem nur gearbeitet wird. Der Tisch ist spartanisch – und natürlich – ordentlich aufgeräumt. Daneben befindet sich eine komfortable Sitzgarnitur. Zum Versinken, Nachdenken, Träumen. »Ich bin ein optischer Typ«, sagt Erich und streicht mit dem Finger über ein Blatt Papier, in das er Blindenschriftpunkte eingestochen hat. »Wenn ich mit dem Finger über das geschriebene Wort taste, hab' ich das Bild der Seite vor den Augen.«

Unlängst hat er eine Arbeit über das Stück »Jesus und seine Hawara« geschrieben. Das Dissertationsthema steht auch schon fest: »Mundart im modernen Schlager«. An Beispielen von Ambros, Fendrich & Co. Warum er sich neben seiner Lehrtätigkeit am Blindeninstitut freiwillig den Mühen eines Studiums unterwirft?

»Lernen macht mir Freude! Allerdings hab' ich auch erst eine Krise durchstehen müssen.«

Das war im ersten Semester, als er gerade an der Schule zu unterrichten begann und nebenbei die Vorlesungen an der Uni besuchte.

»Ich war nicht sicher, ob ich in der Schule gerechte Noten gebe und ob ich die Prüfungen an der Uni schaffen werde. Damals war das Studium ein Goldenes Kalb für mich. Vielleicht ist es mir deshalb schlecht gegangen . . .«

In dieser schwierigen Zeit sagte der Kaplan in seiner Pfarre zu ihm: »Weißt was, du gibst jetzt bei uns ab und zu Firmunterricht.« Seitdem er das macht, strahlt Erich Schmid, gehts ihm gut. Er tut was für andere. Nimmt sich selbst und das Studium nicht mehr so wichtig und spürt die Achtung der Firmlinge. Die Prüfungen klappen auch und seit kurzem gibt's ein Mädchen in seinem Leben. Er nimmt sich Zeit für sie; früher hat er sich vor Beziehungen in die Arbeit geflüchtet.

»Auf der Suche nach der eigenen Identität mußt du dich für andere einsetzen«, hat Erich Schmid erkannt. »Aber nicht so sehr, daß du dich selbst dabei verlierst.«

Edwin Lipburger

Mein Haus ist rund, na und?

Seine Kugel ist der Widerstand gegen die Normalität. Ein Symbol für den Kampf gegen Gewohnheit und Vorurteile. Der Anstoß, überkommene Wertvorstellungen zu revidieren. Eine Be-Sinn-ung auf die Grundbedürfnisse.

Die Kugel ist ein Medium der Aufmerksamkeit. Die Kugel ist ein Haus. Das Haus steht im Wiener Prater beim Riesenrad. Besteht aus 128 Elementen. Zu neunzig Prozent aus Holz. Wohnfläche: Fünfzig Quadratmeter. Acht rechteckige Fenster geben Ausblick auf Hochschaubahn und Praterauen. Man betritt die Kugel über eine Zugbrücke. Sie kann mit Seilen jederzeit wieder hochgezogen werden. Drinnen ist es behaglich. Rohes, helles Holz. Holzbänke. Holzhocker. Holztische. An den Wänden hängen Bilder: Eine Chronik der Geschichte des Hauses. Die Kugel steht erst seit 1983 im Prater. Was dem Verständnis des damaligen Kulturstadtrates und jetzigen Unterrichtsministers Helmut Zilk zu danken ist, der damit der Verfolgungsjagd auf den Hausherrn ein Ende machte.

Der Hausherr heißt Edwin Lipburger, wurde

1928 in Lauterach bei Bregenz geboren und gilt als Enfant terrible der österreichischen Kunstszene. 1973 hat er seine Kugel nahe bei Wr. Neustadt gebaut. Den Pachtgrund nannte er »Gemeinde Kugelmugel«. Politische Lokalgrößen reagierten erzürnt. Lipburger wurde vor Gericht zitiert. Die zuständige Richterin schickte ihn zweimal zum Psychiater. Ergebnis: Lipburger ist geistig völlig gesund.

»Das ganze Haus war ja von Anfang an absurd«, sagt er heute. »Ich bin geometrisch von einem Punkt ausgegangen und hab' ihn scherzhalber zum Kugelhaus aufgeblasen. Das haben die Leute nicht begreifen können.«

Aus dem Schelmenstreich gegen das Kasteldenken wurde leider bitterer Ernst. Als sich Lipburger weigerte sein Haus abzureißen, mußte er für zehn Wochen ins Gefängnis. Zwar feierten ihn die Zeitungen als Kunsthelden, zwar kamen Solidaritätserklärungen aus ganz Österreich – aber Häfen bleibt Häfen! Was das ganze umso makabrer macht: Experten hatten Lipburger mit Gutachten bestätigt, daß sein Haus absolut sicher konstruiert ist. Ganz zu schweigen von der besonderen Umweltfreundlichkeit. Die Kugel ruht nämlich auf einer Säule mit nur einem halben Meter Durchmesser. Ringsum wächst Gras. Der Stoffwechsel und die Sauerstofferzeugung können ungehindert funktionieren.

»Auf fünfzig Quadratmetern, der Grundfläche eines normalen Hauses, kann man theoretisch hundert Kugelhäuser bauen«, rechnet Edwin Lipburger. »Ich habe mich mit dieser Konstruktion von der Natur distanziert. Das ist der beste Umweltschutz. Ich betreibe nicht nur Kosmetik wie der Hundertwasser, der Gras auf die Dächer von Betonhäusern drauftut. Ich tangiere nur.«

Er hat sich Gags einfallen lassen, um für seine Idee Propaganda zu machen. Es gibt Kugelmugel-Briefmarken, Kugelmugel-Autonummern, Postkarten, Fahnen und Passierscheine für Besucher. Im Prater hat Lipburger seine Kugel zur Republik ernannt und kassiert für den »Grenzübertritt« 15 Schilling. Dafür gibts allerdings ein Achtel Wein oder eine Postkarte. Und schließlich muß man ja auch für einen Museumsbesuch bezahlen. Allerdings steht dort kein Stacheldrahtzaun wie um die Republik Kugelmugel herum.

»Der Zaun soll die Aufmerksamkeit wecken. Die Menschen bewältigen zuviel mit der Netzhaut und zuwenig mit dem Verstand. Sie verbinden mit dem Zaun geschichtliche Werturteile anstatt zu fragen, warum er überhaupt hier steht. Ich bin sicher ein Antifaschist. Aber ich möchte den Menschen bewußt machen, daß sie mehr denken und mehr miteinander sprechen sollen.«

Aus dem Gespräch mit den Menschen bezieht Lipburger seine Energie. Denken und Fühlen ist für den »Schachspieler gegen die Bürokratie« eine Einheit. Er plädiert für ein »zurück zur Banalität, zum Leben und zum Einatmen«. Ist draufgekommen, daß den Menschen »vieles bekannt aber wenig bewußt« ist. Sieht unsere Zukunft nur dann gewährleistet, wenn jeder einzelne wieder lernt, sich auf sich selbst zurückzuziehen. Indem er erkennt, daß der Mensch ein Kunstwerk ist. Daß es faszinierend ist, wie der Körper Nahrung verdaut. Oder automatisch schwitzt, ohne daß man ihm dazu einen Befehl gibt.

»Ich liebe das banale Leben«, sagt Lipburger. »Ich nehme oft banale Dinge wie eine Kugel zur Hand und denke drüber nach, was für ein tieferer Sinn drinsteckt. Der Mensch kann wie ein Schwamm sein und ständig lernen. Wenn man sich das bewußt macht, empfindet man ein Hochgefühl. Der Konsum fällt in eine Nichtigkeit hinunter und wird lächerlich. Dann kann man auf den ganzen Plunder verzichten.«

Er war nie ein tüchtiger Geschäftsmann. Hat bis zu seiner Frühpensionierung im Dezember 1982 bei der Bundesbahn gearbeitet. Das war die finanzielle Absicherung für Frau und Sohn. Aber auch die Möglichkeit, Kredite für das Kugelhaus zu bekommen. Womit sich die Frage stellt, wie Lipburger überhaupt Künstler geworden ist. 1954 lag er mit Tbc im Krankenhaus. Hörte in den Radionachrichten vom Tod des französischen Malers Henri Matisse. Und stellte sich die Frage: Wer wird sein Werk fortsetzen?

Die Antwort war bald klar: Er selbst würde es tun. Der Traum vom Studium an der Akademie hatte begonnen.

1983 sagt Lipburger über die Anfangszeit:

»Ich gebe schon zu, daß ich ein bedeutender Mensch werden wollte.«

Er studierte Matisse und seine Technik. Begann in dessen Stil zu malen. Und wurde deswegen nach einigen Anfangserfolgen heftig kritisiert.

»Dabei hab' ich ja meine eigenen Sujets gehabt und damit meinen Beitrag geleistet. Das hat man nicht akzeptiert. Aber mittlerweile weiß ich, daß ich damals recht gehabt habe. Originalität erreicht man erst, wenn man sie meidet.«

Die Kugel ist für ihn der beste Beweis dieser These.

»Dabei bin ich auch nicht radikal vorgegangen und habe alles verworfen. Nur die untere Hälfte der Kugel ist revolutionär. Die obere Hälfte hat Tradition. Kugeldächer haben wir ja schon früher gehabt. Also ist es eine Synthese, wie einst bei Matisse.«

Der Mensch, meint Lipburger, befindet sich in einem Spannungsverhältnis. Zwischen zwei Polen. So führt er persönlich bei aller künstlerischen Unbeständigkeit seit 30 Jahren eine beständige Ehe.

»Meine Frau ist ein sehr guter Kamerad. Sie sieht ihren Lebenssinn nicht nur im Kinderkriegen, sondern in der Förderung des Mannes und seiner Phantasie.«

Was sicher nicht einfach ist. Bis 1960 war Edwin Lipburger regelmäßig in Krankenhausbehandlung. Dreimal gaben ihn die Ärzte fast schon auf.

»Aber ich hab' mich nie aufgegeben, und meine Frau hat durch dick und dünn zu mir gehalten.«

Sie hat akzeptiert, daß ihr Mann 1961 an der Akademie zu studieren begann und den Großteil seines Gehaltes als ÖBB-Bediensteter in die Kunst investierte. So wie sie sich heute damit abfindet, daß sie zwar das Kugelhaus in idyllischer Umgebung besitzen, jedoch in einer billigen Genossenschaftswohnung, umgeben von Beton, den Alltag verbringen.

»Das Kugelhaus ist für mich ein Amt«, erklärt Edwin Lipburger. »Ich kann hier nicht wohnen. Ich will den Menschen hier beibringen, daß man sich selbst auch als Amt begreifen muß. Als Amt, das dient und für andere da ist. Wenn das mehr Leute akzeptieren würden, hätten wir mehr mündige Staatsbürger. Damit wäre auch der Staat leichter zu regieren.«

Er schüttelt bedauernd den Kopf.

»Die Leute durchschaun die Dinge viel zuwenig. Deshalb wollen sie alles haben. Ich will nur haben, was ich noch nicht durchschaut habe.«

Die Selbstbestimmung des Menschen kann für ihn nur in der Selbstkontrolle liegen. Darin, daß wir erforschen, was wir wirklich brauchen.

»Die Zukunft liegt nicht bei hochgezüchteten Computergeräten. Diese Art der Technik ist bereits herauskristallisiert. Wir aber müssen zurück zur Melasse, zu den Grundsubstanzen des Lebens. Nur dort gibt es einen tieferen Sinn.«

Er hat bei sich selbst begonnen. Braucht für

seine persönlichen Bedürfnisse nur wenig Geld. Orientiert seinen Erfolg nicht an Großverdienern wie Fuchs und Hundertwasser. Hat nicht einmal ein Eröffnungsfest gegeben, als das Kugelhaus im Prater fertig montiert war.

»Ich bin kein Gesellschaftslöwe. Mir ist auch klar, daß ich damit in der heutigen Welt verrückt bin. Entrückt von der Normalität der Geltungssucht. Ich versuche, die Geltungssucht ins Gegenteil zu verkehren. Normalerweise gilt jemand umso mehr, je größer die Grundfläche seines Hauses ist. Bei mir gilt jemand umso mehr, je weniger Grundfläche er dafür braucht.«

Lipburger spricht schnell. Seine Augen stechen. Er argumentiert mit zwingender Intensität. Man merkt, daß er Schach spielt. Hört seine Forderung: »Man muß das Hirn ständig trainieren.« Und bekommt beim Verlassen der Republik Kugelmugel am Grenzübertritt noch ein aufmunterndes Wort mit auf den Weg. Auf einem Schild steht geschrieben:

Denken macht frei!

Gerd Bacher

Gerd, du bist ein Räuberhauptmann!

1974 schien seine Karriere beendet. Gerd Bacher wurde nach sieben Jahren Dienstzeit als Generalintendant zum Pensionisten des Österreichischen Rundfunks. Der Geltungsdrang, mit dem der kleine, bullige Mann durch die Medienlandschaft gefegt war, kostete ihn die Stellung. Karikaturisten feierten das Fest der Süffisanz: Bacher, der Tiger, wurde von Bundeskanzler Kreisky, dem Dompteur, erlegt.

»Ich habe nachher ein ganzes Jahr zur Fassadenbegradigung gebraucht, weil ich net wollte, daß die Leut' merken, wie mies es mir geht«, erinnert sich der »Verlierer«. »Geldprobleme hab' ich keine gehabt. Aber die Freudlosigkeit war schrecklich. Ich weiß eben nichts, was ich lieber tät als arbeiten. Ich plag' mich gern.«

Bacher wehrte sich gegen das Selbstmitleid. Er analysierte seinen Absturz. Begann, sich »am eigenen Zopf aus dem Sumpf« zu ziehen. »Zurücklehnen bringt nichts. Man muß so lange zupacken, bis eine gute Sache wieder da ist. Meine Lieblingstugend ist Disziplin. Ein Menschsein ohne Plage, ohne Überwindung, kann ich mir überhaupt nicht vorstellen.«

Die nächsten vier Jahre waren hart für den »skeptischen Optimisten« (Selbstdefinition). Er arbeitete als freiberuflicher Journalist, war vier Wochen lang Chefredakteur des »Kurier«, erfolgloser Bewerber um die Stelle des Programmdirektors beim ZDF, Medienberater von CDU-Chef Helmut Kohl und Geschäftsführer eines Salzburger Verlages.

1978 kam sein Comeback, an das niemand mehr geglaubt hatte. Das ORF-Kuratorium bestellte ihn mit den Stimmen der ÖVP und einiger abtrünniger Sozialisten wieder zum Intendanten. Nach der eher matten Ära des Juristen Otto Oberhammer wußte man seine Fähigkeiten wieder zu schätzen. Und siehe da: Bacher ballte nicht mehr die Faust, sondern schüttelte Hände, wo immer er sie finden konnte. Aus dem kompromißlosen Machtmenschen war ein Diplomat geworden.

»Er hat Abstand zu sich selbst gefunden«, meint Bacher-Freund Helmut Zilk. »Wer als Mittvierziger stürzt, beginnt ein neues Leben.«

Politisch trifft das sicher zu. Bacher, seit 1982 schon in der dritten Machtphase als Generalintendant, hat das Wort »Konsens« in seinen Sprachschatz aufgenommen, Verbalinjurien hingegen verbannt. Damit kann er im Proporzland Österreich als Nullgruppler zum Guru der Parteibuchlosen werden.

Bacher ist nämlich im Grunde »der Alte« geblieben. Konservativ, autoritär, diktatorisch bei Entscheidungen, ungeduldig, fleißig und von seinem Lieblingsspielzeug ORF leidenschaftlich besessen. Wobei er selbst auf die Feststellung Wert legt, daß er von seinem Beruf Besitz ergriffen hat und nicht der Beruf Besitz von ihm.

»Er war schon früher ein Kraftwerk«, symbolisiert sein Schwiegersohn Peter Rabl. »Nur hat er zusätzliche Sicherungen eingebaut. Jetzt gibt's keinen Kurzschluß mehr.«

Dafür, daß er manche Politiker zu Türstehern umfunktioniert, ohne daß sie es überreißen, mögen ihm die Freunde des »Schmähführens« dankbar sein. Was zweifellos für eine Neubestellung im Jahr 82 nicht gereicht hätte, wäre da nicht der Rechnungshof mit seinem Lob für die wirtschaftliche Gesundheit des ORF aufgekreuzt. Das Betriebsklima am Küniglberg ist allerdings weniger zufriedenstellend. Der bedingungslose Einsatz des Intendanten, den er nicht nur von anderen, sondern auch von sich selbst verlangt, ließ bei einigen Mitarbeitern die Gefühlsskala von Unbehagen auf Angst steigen. Bacher flutscht halt immer irgendwo im Haus herum, bemängelt vom Autotelephon aus die Tonqualität einer Konzertübertragung oder ruft einen Beleuchter von zu Hause an: »Sagn S', was fallt Ihna ein, daß Sie dem des Licht so auffekleschn? Dem is ja der Schädl z'runna.«

»Der Bacher überlauert alles«, sagt ein enger Mitarbeiter. »Bei ihm gibt's leider keine Spompanaden.«

Bei einem Unternehmen dieser Größe mit mehr als vier Milliarden Schilling Umsatz und rund 3200 Beschäftigten zweifellos eine beachtenswerte Leistung. Daß es dabei nicht immer sanft zugeht, betrachtet Bacher (sein Jahresgehalt 2,2 Millionen Schilling) als Selbstverständlichkeit.

»Wir sind ja nicht bei der Heilsarmee.«

Bei Hemingway hat er einen Satz entdeckt, der ihm eher zusagt: »Grace under pressure« – Würde unter Druck.

Seine Eltern haben ihn in Salzburg »streng, aber mit viel Liebe« erzogen. »Es war eine arme und doch sehr reiche Kindheit. Ich hab' immer das Gefühl gehabt, daß für meine Schwester und mich jemand da ist.« Der Mutti, erzählt Bacher, verdankt er es, daß aus ihm was geworden ist. »Ich bin ein Früchterl gewesen. Furchtbar bös' in der Schule. Da hat die Mutti eines Tages zu mir gesagt: ›Gerd, du bist ein Räuberhauptmann. Du wirst auch später im Beruf ein Räuberhauptmann bleiben wollen. Aber einen Räuberhauptmann ohne Können gibt's nur als Kind. Wenn du als Erwachsener oben bleiben willst, mußt was lernen.‹«

Diesen Rat hat er nach dem Krieg als Journalist (»Ich wollte nie was anderes werden«) zu seiner Lebensmaxime erhoben. Und noch vor drei Jahren sah man den Herrn Intendanten »strebern wia a Schulbua«, um die Technik des Satellitenfernsehens zu begreifen.

»Entweder ich mach's ganz oder gar nicht«, sagt Bacher und »kleschct« seine Fäuste auf den schwarzen Ledersessel.

Er strahlt geballte Energie aus. Das kommt vom Sport: Skifahren, Tennis, Bergsteigen.

»Wenn ich mich körperlich nicht fit fühl', ist im Hirn nix los.«

Früher hat er vier Packerl Zigaretten pro Tag geraucht und sich damit beinahe umgebracht. Als die Ärzte warnten, ließ er's wieder bleiben. Bacher – der Willensmensch? Der eiserne Ritter mit Genußsicherung? »Das wär schrecklich, dann wär ich ja ein armer Tropf. Ich hab' natürlich Tiefs. Mein Gefühlsleben bewegt sich zwischen himmelhoch jauchzend und zu Tode betrübt.«

Das Hoch sind seine Erfolgserlebnisse am Küniglberg. Das Tief seine drei gescheiterten Ehen.

»Es ist ein Glück, daß ich im Beruf nicht so erfolgreich bin wie im Privatleben«, sagt Bacher mit einem bitteren Schmunzeln. »Dann hätte ich's nämlich höchstens zum Diplomhilfsarbeiter gebracht . . .«

Das Schrebergartenhaus – ein Refugium in der Großstadt

Über die Renaissance der Schrebergärten

Der alte Herr zog erstaunt die Augenbrauen hoch. Die Tür seiner Holzhütte war offen, obwohl er sie am Vorabend abgesperrt hatte. Drinnen stank es nach Alkohol und Tschicks. Zwei Sandler lagen auf dem Boden.

»Seids es deppert wurn«, ließ er einen Brüller los.

Der eine Sandler blinzelte ihn verschlafen an.

»Tua da nix an. Mir müassn a irgendwo schlafen.«

Der alte Herr verzichtete auf eine Anzeige bei der Polizei. Er erinnerte sich an die dreißiger Jahre. Damals war er selbst arbeitslos gewesen. Der Schrebergarten hatte ihm mit seinen Obstbäumen, ein paar Hendln und Hasen als Zuflucht gedient. Parallelen zu damals drängen sich auf. Zwar ist die wirtschaftliche Lage glücklicherweise noch lange nicht so schlecht, doch im Zuge der Rezession treiben sich seit einigen Jahren immer mehr abgerissene Gestalten in den Kleingartenanlagen herum. Die Einbrüche häufen sich ebenso wie die Anträge für einen Pachtgarten bei den Vereinen. Die Nachfrage übersteigt das Angebot. Die Sehnsucht nach einem überschaubaren Maß läßt neuerdings auch junge Leute nicht mehr über die bescheidenen Ansprüche der Großeltern lächeln. Die Häuschen haben nur sechzehn Quadratmeter Wohnfläche, die Pachtgärten rund 200 Quadratmeter. Telephon und Elektrizität gibt's nicht. Lediglich einen Anschluß an die Wasserleitung. Die Biedermeieridylle verliert dadurch nichts von ihrem Reiz. Wenn man sich gern hat, reicht im Grunde auch ein Schlafsack zu zweit. Und schließlich werden die Urlaube immer teurer, die Lebenshaltungskosten wachsen in den Himmel, die Einkommen leiden sogar im Sommer unter Erfrierungserscheinungen.

»Wir sind mit dem zufrieden, was wir haben«, sagen die alten Schrebergärtner. Ihr Sinn für natürliches Wachstum erspart ihnen blutige Köpfe, die sich die »Erfolgsgeneration« an den Grenzen der Vernunft holt.

Wo Schrebergärten ihren Charme verbreiten, wachsen Kirschen ohne Kerne. Gartenzwerge lächeln tapfer wie Riesen. Träume werden hier nicht einbetoniert. Sogar Tränen fließen menschlicher als in Hochhäusern. Man ist auch ohne Fernsehanschluß und ohne den morbiden Glanz von »Dallas« oder »Denver« glücklich. Das Motto lautet: »Täglich fängt das Leben an!« Und wenn wir es gemeinsam bewältigen, geht alles viel besser.

Anonym bleibt niemand. Getratscht wird viel. Manchmal ist einer »ang'rührt«. Aber am nächsten Tag sitzt man trotzdem wieder unter einer Weinlaube zusammen, trinkt einen G'spritzten und spielt Karten. Einer hat immer das Bummerl, das ist eben so im Leben. Ohne Hochschaubahn wär's genauso fad wie ohne Tratsch. Was manche Politiker nicht kapieren wollen, wird in den Kleingärten täglich gelebt. Gemeinschaft mit Individualität. Nachbarschaftshilfe ohne Identitätsverlust. Wer spricht da noch von Umverteilung? Wichtig ist, wie man auf wenig Besitz möglichst viel Lebensfreude gewinnt. »Die Blumen sind wie meine Kinder«, schwärmt eine Pensionistin, die mit ihrem Mann seit mehr als drei Jahrzehnten ein Fleckerl Grün jede Saison neu gestaltet. »Wir haben immer ein Ziel. Deshalb geht's uns gut. Ohne Arbeit ist das Leben nix.«

Blühende Narzissen sind ihnen lieber als der Narzissmus der Eiszeit-Generation. Gespräche drehen sich nicht nur um die eigenen Wehwehchen, sondern zum Beispiel um die Gesundheit einer Igelmutter, die mit ihren drei Jungen vertrauensvoll angetrippelt kommt, weil sie mit Milch und Makrelen verwöhnt wird. Um eine Meisenfamilie, die regelmäßig zu Mittag zerhackte Nüsse schnabuliert. Um Äpfel-, Birnen- und Zwetschkenbäume, den Kampf gegen die Würmer und die Macht der Natur.

»Als es unlängst so stark gehagelt hat, hab' ich wieder beten gelernt«, sagt eine Oma. »Da wird einem bewußt, wie wenig der Mensch ausrichten kann.«

Wenn jemand rausstirbt aus dem Grätzel, geben ihm die Nachbarn die letzte Ehre. Mit einem gemischten Gefühl aus Wehmut und Demut. Man hat akzeptiert, daß nicht alles machbar ist. Wenn man sich selbst nicht so ernst nimmt, kann man schließlich eine Knackwurst genauso genießen wie Kaviar, ein Lavoir ebenso wie ein Schwimmbecken. Auf den richtigen Schmäh kommt's halt an. Was die österreichische Version eines chinesischen Sprichwortes lebensnah bestätigt:

»Willst du eine Stunde lang glücklich sein,
geh zur Mizzi ins Kabinett.
Willst du ein Jahr lang glücklich sein,
heirate die Tochter deines Chefs.
Willst du ein Leben lang glücklich sein,
nimm dir einen Schrebergarten.«

Palle Thomsen

Auf der Suche nach der verlorenen Zeit

Der Zeitgeist unterliegt einem ständigen Wandel.

Nach dem Krieg wurde hart angepackt. Der Wiederaufbau ließ keine Muße für Selbstbesinnung. Wohnungen mußten gebaut, Firmen neu gegründet werden. Wer die Stunde Null nutzte und nicht primär seine Sehnsucht nach der lange vermißten Lust befriedigte, konnte Karriere machen.

Träume? Nun ja, wenn Zeit blieb. Man wollte schließlich Geld verdienen. Für den Urlaub in Italien, für das erste Auto, für die neue Wohnungseinrichtung.

In den fünfziger Jahren gab's dann schon das erste Unbehagen. Ein gewisser James Dean wurde zum Jugendidol, indem er seinen Zorn gegen die unerbittlichen Erwachsenen im Film offen artikulierte. Dann gab's den Presley mit Röhrljeans, den Bill Haley mit Schmalzlocke, und die ersten Rocker mit Lederjacken und Metallkamm. Die Eltern reagierten mit Entsetzen. So wie sie sich später über die Beatles aufregten, ganz zu schweigen von den Rolling Stones, dann über den Hippie-Kult und die Studenten der

68er Bewegung. »Schneidts ihna die Haar ab und steckts es in die Fabrik zum Hackeln«, schimpfte so mancher Arbeiter.

Doch die Seelenseuche griff um sich, so wie jetzt die Viren »Aids« und »Herpes«.

In den späten siebziger Jahren wurde ein wesentlicher Eckpfeiler des Kapitalismus erfaßt: Die Manager. Ein zunehmendes Kritikbewußtsein ließ immer mehr Männer Werte wie Karriere, Geld und Macht in Frage stellen. Der Benjamin Franklin-Ausspruch »Fleiß und Betriebsamkeit« schien plötzlich nicht mehr unantastbar. Bisher kompromißlose Anhänger der Scheuklappenmentalität befreiten sich von ihren Zügeln und verließen das Gespann.

Einer von ihnen war Palle Thomsen.

Man mag es »Midlife crisis« nennen. Identifikationsschwierigkeit. Gewissenskonflikt. Wie auch immer. Jedenfalls verdammte sich der etablierte Manager mit einem Kündigungsschreiben deshalb zur Freiheit, weil ihm der Status und die materielle Sicherheit im Vergleich zu persönlicher Entfaltung ohne Firmenkorsett nicht mehr erstrebenswert schien.

In seiner Jugend hatte er darüber natürlich auch anders gedacht. Sein Werdegang: Palle, Jahrgang 37, wächst in Kopenhagen auf. Politik und soziales Engagement sind ein fester Bestandteil seiner Erziehung. Der Vater ist Chef der Verwaltung für Gehirngeschädigte und Vizebürgermeister von Kopenhagen. Palle entwikkelt andere Ambitionen. Nach erfolglosen Versuchen als Drehbuchschreiber entdeckt der »Neun bis vier Uhr«-Typ, daß er sich zwar nicht zum Bohemien, dafür aber umso besser zum Kaufmann eignet. Mit 21 Jahren wird er Abteilungsleiter im größten Photogeschäft der Hauptstadt. Sechs Jahre später wird ihm der Vorschlag gemacht, die Österreich-Niederlassung für einen dänischen Möbelkonzern aufzubauen. Thomsen übersiedelt mit seiner Frau Karna nach Wien – und bleibt.

Den Jahren der Euphorie folgt die Ernüchterung. Thomsen entwickelt zwar einfallsreiche Marketingstrategien, ist aber zu sensibel, um Rückschläge eiskalt wegstecken zu können. Als er im Zuge von Rationalisierungsmaßnahmen Mitarbeiter kündigen muß, belasten ihn wochenlang Gewissenskonflikte. Sparen fällt ihm schwer, Nein-sagen ist für ihn eine Belastung. Eine Statistik bereitet ihm Kopfzerbrechen: Danach beschäftigt sich der moderne Durchschnittsmanager nur sechs Minuten pro Tag mit seinen Kindern. Thomsen fühlt sich betroffen. Er hat drei Kinder. Und an der Erziehung kaum Anteil genommen.

1979 zieht er die Konsequenzen. Verzichtet auf Direktorenwürde, Firmenvilla und Dienstauto. Seine Rechtfertigung vor sich selbst und der Familie: »Ich habe bis zu diesem Zeitpunkt nur in der Zukunft gelebt und gehofft, daß das Glück hinter der nächsten Ecke auf mich wartet. Plötzlich ist mir bewußt geworden, wieviel Zeit ich bei der ständigen Hetzjagd nach neuen Geschäftsabschlüssen unwiderruflich verloren habe.«

Sie übersiedeln in eine Mietwohnung. Frau Thomsen, die sich bis dahin nur bei Tennis- und Bridgeturnieren profilieren mußte, erweist sich plötzlich als »härter und dynamischer« als ihr Mann. Ein Antiquitätengroßhandel, den sie gemeinsam mit einer Freundin beginnt, bietet ihrem Mann den finanziellen Rückhalt für seine »Suche nach der verlorenen Zeit«. Was Marcel Proust literarisch bewältigt glaubte, indem er die verlorene Zeit nach einem Viertausend-Seiten-Oeuvre in Band zehn wiedergefunden zu haben wähnte, versucht Thomsen mit einem schwedischen Lebenshilfe-Konzept in die Praxis umzusetzen. Titel: »Time manager«. Ausführung: Seminare für gestreßte Menschen in der Wirtschaft. Motto: Hilf dir selbst, sonst hilft dir keiner! Ergebnis: Thomsen hilft sich selbst, indem er anderen hilft.

Er rät zu verstärkter Selbstkontrolle durch regelmäßige Planung und Analyse der persönlichen Zielsetzung. Durch Checklisten in einem schwarzen Ringbuch konzentriert man sich auf Schlüsselbereiche im Privat- und Berufsleben. Angelehnt an Konfuzius (»Bewältige eine Schwierigkeit und du hältst hundert andere von dir fern«) spricht Thomsen von der Therapie der kleinen Schritte und Zuhilfenahme von wissenschaftlichen Erkenntnissen.

So hat man mit der »Refa-non-Kurve« dargestellt, daß 90 Prozent der Menschen zwischen acht und zehn Uhr vormittags am effizientesten arbeiten können. Da ist dann noch das »Pareto-Gesetz«, wonach wir achtzig Prozent unserer Resultate in zwanzig Prozent unserer Zeit erzielen. Was allerdings schon Seneca zu einem Zeitpunkt erkannt hat, da man noch nicht in Management-Terminologie formulierte: »Es ist nicht wenig Zeit, was wir haben, sondern es ist viel, was wir nicht nützen.«

»Ich weise ständig darauf hin, wie wichtig ›strokes‹ sind«, sagt Palle Thomsen. »Strokes« übersetzt man mit »Streicheleinheiten«. Thomsen ergänzt: »Frustrationen können am Arbeitsplatz und zu Hause durch regelmäßiges Lob vermieden oder zumindest eingeschränkt werden.«

In der »Time manager«-Philosophie spielt in Anbetracht der hohen Scheidungsraten bei »Machern« das Privatleben eine große Rolle. Thomsen predigt das Miteinanderreden auch vor seinen Seminaristen. Ein Fragebogen (Was möchte ich vom Rest meines Lebens haben? Was möchte ich gerne erreichen, welche Dinge möchte ich gerne erwerben? usw.) soll, weder durch moralische noch durch ökonomische Begrenzungen eingeschränkt, unabhängig voneinander ausgefüllt, und dann gemeinsam besprochen werden.

»Ich bin der festen Überzeugung, daß man damit Menschen helfen kann«, sagt Thomsen. Der Erfolg gibt ihm recht. Nach den erwarteten Anlaufschwierigkeiten im ersten Jahr sind die Kurse nun ständig ausgebucht. Bei zahlreichen

Firmen wird Thomsen bereits regelmäßig ans Rednerpult gebeten. Er wirkt locker, trägt meist Pullover und Schaltuch, spielt regelmäßig Tennis und strahlt die Ruhe eines Menschen aus, der sich zu seinen Gefühlen bekennt. Er möchte vermeiden, mit dem zunehmenden Erfolg wieder in neue Abhängigkeiten zu geraten. Hofft, nun doch zumindest zum Halb-Bohemien geworden, in einigen Jahren vor allem vom Schreiben philosophischer Bücher leben zu können. Und vor allem, was schon Kierkegaard und Sartre angestrebt haben, immer mehr zum Subjekt zu reifen und die Welt als Objekt zu betrachten.

Herbert Elis

Ein Pensionist wird wieder jung

In der Mensa wirkt er beim Gespräch wie ein Draufgänger unter Junggreisen. Die Worte sprudeln aus ihm heraus, die Augen strahlen, die Hände sind in Bewegung. Stolz nimmt er das schwarze Studienbuch aus der Innentasche seines Sakkos. Herbert Elis studiert als außerordentlicher Hörer.

»Ich will niemand einen Studienplatz wegnehmen«, sagt er locker.

»Außerdem brauch' ich keinen Titel.«

Er zwinkert mit den Augen.

»Warum soll ich mir den Prüfungsstreß nicht ersparen? Wichtig ist, daß mir das Lernen Spaß macht. Wenn sich herausstellt, daß ein Professor eine fade Vorlesung hält, spritz' ich s' das nächste Mal.«

Herbert Elis besucht Vorlesungen über Philosophie, Naturwissenschaften, Geschichte und Germanistik.

»Die geistige Tätigkeit ist das Wichtigste in der Pension. Dann bleibt man agil und hat gar keine Zeit zum Versauern«, sagt er selbstbewußt.

Ein Pärchen, das gemeinsam mit uns am Tisch

sitzt und träge in Kaffeehäferln umrührt, schaut ihn erstaunt an. Soviel Vitalität sind die beiden offenbar nicht gewöhnt.

»Jeder Mensch tendiert zu Bequemlichkeit«, sagt Herbert Elis. »Man muß sie nur überwinden. Wenn ich am Montag um halb neun in der Früh eine Vorlesung hab', fällt's mir auch manchmal schwer, aus dem Bett zu steigen. Dazu kommt, daß ein altes Hirn ja nicht mehr so lernfähig ist wie ein junges. Also muß man sich eine gute Lerntechnik zulegen. Aber wenn man das schafft, geht's einem gut, weil man ein Erfolgserlebnis hat.«

Ein Erfolgserlebnis, mit dem man den »Pensionsschock« überwindet, den Kontakt zur Jugend nicht verliert und den Humor behält, der sonst leicht im Zimmermief der Resignation erstickt.

Gegen Resignation hat sich Herbert Elis immer schon gewehrt. Er ist in Wien mit durchschnittlichem Erfolg ins Gymnasium gegangen, war im Krieg bei der Luftwaffe, sechs Wochen bei den Amerikanern in Hamburg in Kriegsgefangenschaft. 1943 hat er geheiratet (»Die 10 Tage Fronturlaub waren traumhaft«), 1945 wie alle mit nichts begonnen. In einer Zimmer-Küche-Wohnung, die er gemeinsam mit seiner Frau eigenhändig hergerichtet hat. Glücklich waren sie trotz ihrer Armut. Herbert Elis wurde Chemiker. Seine Frau brachte zwei Mädchen auf die Welt. Und als man ihm das Angebot machte, als Verkaufsmanager für eine Farbenfabrik zu arbeiten, sagte er zu, weil sie das Geld gut brauchen konnten und weil interessante Reisen mit dem Job verbunden waren. Nach Südamerika, in die Mongolei, in die Oststaaten.

»Ich hab' mich aber nebenbei immer für Geschichte und Musik interessiert. Ich halt' es für gut, wenn man sich spätestens mit Vierzig Hobbys sucht und überlegt, was man einmal in der Pension machen wird.«

Als er Mitte Fünfzig war, wurde ihm der Aufstieg in die Vorstandsetage angeboten. Elis lehnte ab.

»Da hätte unser Familienleben darunter gelitten. Vielleicht bin ich ein Reaktionär, aber ich halte die Familie für eine der wichtigsten Institutionen. Natürlich gibt's in jeder Ehe irgendwann einmal Schwierigkeiten. Man darf halt nicht gleich den ›Huat‹ draufhauen.« Er schmunzelt.

»Haben Sie gehört, wie brav ich ›Huat draufhaun‹ gsagt hab'? Alles im Dialektseminar in Germanistik gelernt . . .«

»Seitdem der Papa studiert, lern' ich dauernd was von ihm«, sagt seine Tochter Barbara. »Ich find' das ganz toll, wie er sich engagiert.«

Ihre Mutter bestätigt: »Unser Familienleben hat sehr durch seine Initiative gewonnen. Wir reden beide viel über Bücher, die wir lesen. Vor allem haben wir getrennte Lebensbereiche, über die wir uns gegenseitig erzählen können. Ich gehör' nämlich zu den wenigen Frauen, die den Beruf einer Mutter und Hausfrau noch ausfüllend genug finden.«

Herbert Elis nickt zustimmend.

»Deshalb finde ich's auch schrecklich, wenn man als Mann seiner Frau in der Pension beim Staubsaugen im Weg liegt.«

Er zündet sich eine Zigarillo an.

»Eigentlich sollte ich nicht rauchen. Man hat mir vor ein paar Jahren ein Stück künstliche Aorta eingesetzt. Elf Tage war ich im Krankenhaus. Da hab' ich beschlossen, wie der Curd Jürgens, den Jahren mehr Leben zu geben, und nicht dem Leben mehr Jahre. Ich find' es nicht gerade erstrebenswert, achtzig zu werden und nur noch mühsam mit dem Kopf wackeln zu können.«

Er hat erlebt, wie seine Mutter im Altersheim gestorben ist. Wie sie ständig deprimiert war, weil sie sich keine Aufgaben geschaffen und immer nur darauf gewartet hat, was passiert. Deshalb hat er zu seinen Töchtern gesagt: »Das Leben findet heute statt. Macht was daraus.«

»Es ist mir zwar nicht gelungen, ein Vermögen anzuhäufen, aber dafür hab' ich auch keine Magengeschwüre«, zieht Herbert Elis Zwischenbilanz. »Wir besitzen zwar kein Haus, sondern haben es nur gemietet, sind aber dafür jeden Sommer regelmäßig mit den Kindern ins Ausland Camping gefahren.«

Vielleicht versteht er sich deshalb so gut mit jungen Leuten an der Universität, weil viele seiner Gedanken im Grunde trotz seiner konservativen Grundhaltung alternativ sind. Weil er Lebensqualität nicht mit Besitz verwechselt. Weil er nicht pauschal über »die Jugend« eine Wertung abgibt, sondern differenziert: »99 Prozent der jungen Leute sind interessierte, fleißige Arbeiter. Die meisten sind höflich, freundlich und lieb. Man soll nicht auf Grund einiger Demonstrierer alle verurteilen.«

Noch etwas mag hinzukommen: Herbert Elis hat erkannt, daß die Würde des Alters nicht unbedingt die Fähigkeit zur Selbstironie verdrängen muß.

»Als ich mit sechzig zu studieren begonnen hab'«, amüsiert er sich über sich selbst, »bin ich zum erstenmal mit der U-Bahn gefahren. Man findet ja bei der Universität keinen Parkplatz. Zuerst einmal hab' ich kein Kleingeld für den Fahrscheinautomaten gehabt. Da hat mir ein freundlicher Herr gewechselt. Und dann hab' ich's noch immer nicht z'sammbracht, daß ein Fahrschein rauskommt. Da ist ein anderer Herr auf mich zu und hat gesagt: ›Du geben her. Du drücken. Du da nehmen Fahrschein!‹ Da hab' ich einen roten Kopf kriegt und bin mir vorkommen wie vom Mond.«

»Inzwischen bin ich draufkommen, daß ma auch das lernen kann. Ich bin ein perfekter U-Bahn-Fahrer geworden . . .«

Kinderdorfmutti Luise Grabner und ihre Schützlinge

Mutti, du bist eigentlich ganz nett

Es war der größte Tag in ihrem Leben. Luise Grabner saß in einem Haus im SOS-Kinderdorf Pinkafeld und wartete auf die Ankunft ihrer Schützlinge. Sie wußte wenig über die Kinder. Fünf davon seien Sozialfälle, hatte man ihr erzählt. Die Eltern wollten sich nicht mehr kümmern. Die anderen waren Waisen.

Luise Grabner hatte Herzklopfen. »Hoffentlich schaff ich das«, dachte sie. »Was wird da auf mich zukommen?«

Sie erinnerte sich an ihre eigene Kindheit. Unkompliziert war alles gewesen. Ihre Eltern hatten eine Landwirtschaft bei Gloggnitz. Luise besuchte wie ihre vier Geschwister die Hauptschule. Später wurde sie Verkäuferin in einem Lebensmittelgeschäft, hatte einen Freund und viele Freunde, ging regelmäßig in die Disco und lebte ein Leben, von dem die andern sagten: »Was willst denn? Hast eh alles, was brauchst!«

Mit 21 spürte sie, daß ihr das nicht genug war. Sie sah, wie die Kinder einer Nachbarsfamilie hilflos herumliefen, weil die Eltern beide arbeiteten. Sie hörte, wie sie in der Nacht weinten, weil die Mutter in irgendwelchen Lokalen unterwegs war. Sie ging zu den Eltern, sprach mit ihnen darüber, wurde angehört – und alles blieb beim alten.

»Damals«, dachte Luise Grabner, als sie auf ihre Schützlinge wartete, »damals hab ich mir eigentlich zum erstenmal gesagt: Man kann net nur immer davon reden, daß was tan wern muaß. Ma muaß selbst was tun.«

Naja, und dann kam die probeweise Mitarbeit im Urlaub bei einer Kinderdorfmutter, die Liebe zu ihrem Freund stellte sich als Liebelei heraus, und jetzt war sie hier.

Das Klopfen an der Tür riß sie aus ihren Gedanken. Sie öffnete. Vor dem Haus standen die Kinder wie Orgelpfeifen. Im Alter von 3 bis 16. Sascha, Georg, Carmen, Claudia, Ida, Ernsti, Harald.

Sie drückten ihr eine schwarze Katze in die Hand.

»Derf ma die ham?« fragte Ida.

»Natürlich derfts die ham«, sagte Luise. »Kummts rein.«

Vier Monate später. Aus Fremden ist eine Familie geworden. Die Atmosphäre ist harmonisch. Es wird viel gelacht, gespielt, herumgeblödelt.

»I hab's gsehn und annehmen können«, sagt Luise Grabner. Sie wirkt ausgeglichen, hat strahlende Augen und Hoffnung trotz vieler Zweifel. »Ma fragt sich imma wieda: Is des richtig, was i tua, is des guat fir si. Kennan s des brauchn? I will, daß sie wertvolle Menschen wern, die im Leben zurechtkummen und net isoliert san.«

Der kleine Georg kommt reingestolpert. Ein Zwerg im Anorak, mit Zipfelmütze und entzükkenden großen Augen. Er streckt ihr die Hände entgegen.

»Mutti, die Fäustling. Mi kalt. Mi ganz kalt.«

Frau Grabner zieht ihm die Fäustlinge an.

»Willst an Apfel haben?« fragt sie.

Georg gibt ein begeistertes »Jaaa« von sich.

»Am ersten Abend war des net so«, sagt Frau Grabner. »Da ham s' alle vor Aufregung kan Bissen gessen. Aber i hab des verstanden. I hätt a nix runterbracht.«

Sie lacht.

»Dafür ham s' am nächsten Abend gschaufelt . . .«

Ihr Haushaltsbudget beträgt 12.000 Schilling pro Monat. Damit muß sie alles bezahlen: Essen, Kleidung, Schulgeld, Heizung, Strom, Waschpulver usw. Ihr eigenes Gehalt: 6500 Schilling. Dafür, daß sie Tag und Nacht für sieben Kinder da ist, sicher ein geringer Betrag.

»Aber das Geld ist nicht so wichtig«, sagt sie zufrieden. »Ich freu mich über ganz andere Sachen.«

Nach ein paar Tagen »Abtasten« ist die Claudia zu ihr gekommen und hat gesagt: »Mutti, du bist eigentlich ganz nett!« Und nach ein paar Wochen legte ihr der dreijährige Sascha die

Arme um den Hals und flüsterte ihr ins Ohr: »I mag di.«

»Und dann hat er mi weggstoßen und gsagt: ›Genug‹«, erinnert sich Luise Grabner. »Des san Momente, fir die lebt ma.«

Das Zimmer von Frau Grabner ist einfach. Ein Bett, ein Schreibtisch, Nippes, ein paar Bücher über Kindererziehung, eine Gitarre, ein Plattenspieler. Sprüche aus dem Evangelium an der Wand.

»I vertrau auf unsern Herrgott«, sagt Luise Grabner. »Aber ma derf net auf Wunder warten.«

Ihren ersten freien Tag nach ein paar Wochen – da kümmerte sich eine »Tante« um die Kinder – hat sie total verschlafen. »I bin so müd und erschöpft gewesen . . .«

Vor allem die Kleinen träumen oft schlecht.

»Da setz i mi zuwe, halt s' ganz fest, laß auswana und wart, bis wieda einschlafen. I will ihnen die Geborgenheit geben, die s' nie ghabt ham.«

Ihre eigenen Eltern standen ihrer Entscheidung am Anfang ebenso skeptisch gegenüber wie ihr Freund, von dem sie sich mittlerweile »im guten« getrennt hat. Bis sie ihre Tochter im Kinderdorf besucht haben.

»Die Kinder ham Opa und Oma zu ihnen gsagt«, erzählt Luise Grabner. »Da ham s' gstrahlt . . .«

Sascha grantelt.

»Er hat erst seit ana Wochn die Windeln draußen«, erklärt Ida, seine Schwester.

»Hilfst du ihm manchmal?« frage ich sie.

»Net gern, wenn er angackt is«, sagt Ida offen.

Sascha plärrt entrüstet.

»Kumm her, Sascha«, sagt Ida.

Sie untersucht ihn, verzieht das Gesicht.

»Er ist angackt.«

»An Moment«, sagt sie zu mir und nimmt Sascha bei der Hand. »Jetzt geh ma, du Schweinderl.«

»Mir halten jetzt schon richtig zusammen«, sagt Luise Grabner. »Und i fühl mi freier als wia früher, als i no mehr Freiheit ghabt hab.« Manchmal wächst ihr natürlich alles über den Kopf.

»Aber da denk i mir: Am nächsten Tag schaut scho wieda alles ganz anders aus.«

Und wie wär das, wenn sie sich in einen Mann verlieben würde?

»Einen Freund derf ma ja haben«, sagt Luise Grabner. »Aber Heiraten kommt nicht mehr in Frage. I hab mei Lebensentscheidung getroffen. Die Kinder werd i sicher nie im Stich lassen.«

Leopold und Josefine Hawelka

Was andere können, können wir auch!

Diese Geschichte ist eine Liebeserklärung.

Man kann über »das Hawelka« nicht objektiv schreiben.

Es entzieht sich mit charmanter Liebenswürdigkeit jeglicher Distanz. Entweder du bist Hawelka-süchtig oder du meidest es.

Die meisten sind süchtig.

Süchtig nach einem Caféhaus in der Wiener Dorotheergasse.

Mit dunklen dreckigen Wänden und abgeschmierten Samtmöbeln. Mit Marmortischen, wackeligen Holzsesseln und schummrigen Lampen. Der Ölboden ist brüchig.

Die Luft ist rauchgeschwängert.

Es riecht nach Geist und Gugelhupf.

An den Wänden hängen Bilder von Gütersloh, Lehmden, Brauer, Fuchs und Moldovan. Gerahmt ist auch eine Erinnerung an die Präsentation von Georg Danzers Platte »Jö schau«. Nackerte gibts keine im Hawelka – dafür eine Verwandlung des Menschen in einen Affen. Gezeichnet in sechs Abschnitten von Siné.

Die Menschen mögen sich ändern – das Hawelka ist gleich geblieben. Das Jugendstilflair blieb erhalten. Die Zeitungen sind in Halterungen aus Holz eingespannt. Der Herr Eduard und der Herr Engelbert bringen die Melange oder den kleinen Braunen auf verbeult-zerkratzten Silbertabletten. Und wenn sie Zeit haben, danach einige Gläser mit Wasser. Hinter einem Verschlag, dem Auge der Ankömmlinge nur unvollständig verborgen, befindet sich die vorsintflutliche Küche, wo die herrlichen Buchteln gemacht werden.

»Wissen S', was ich am Hawelka so mag?« hat einmal jemand gefragt. »Ich find's schön, daß jede Buchtel anders ist. Die sind nicht perfekt.«

Im Hawelka erhebt man keinen Anspruch auf Perfektion. Dafür aber auf Menschlichkeit. Und dafür werden wir in Anbetracht der Neon- und Stahlinflation zunehmend dankbarer.

Unlängst hat sich im Hawelka eine Spiralfeder aus dem Sofa ins Freie gebohrt.

Der Herr mit dem betroffenen Hintern reagierte begeistert.

»Das macht doch nichts! Das ist doch originell!«

Ein Hawelka-Verehrer hat einmal einem Ausländer, was denn um Gottes Willen an diesem Kaffeehaus so faszinierend sei, geantwortet: »Das kann man nicht beschreiben – man muß es fühlen!«

Wir wollen es trotzdem versuchen.

Das Kaffeehaus ist für viele Menschen der Anfang und das Ende. Manche besitzen es ein Leben lang, ohne jemals einen Vertrag zu unterschreiben. Sie sagen: »Ich geh' ins Hawelka – das ist mein Kaffeehaus!« Es verführt mit passiver Anteilnahme. Toleriert den Suchenden, den Finder, den Gewinner wie den Verlierer, das überzüchtete Ego, die Hochseilakrobaten der Gefühle, die abgeklärte Bourgeoisie.

Die Hawelkas haben für Schwächen Verständnis.

»Nur Strawanzer haben bei uns nix verloren. Wann die Jugend da ist, soll a gute Jugend da sein. Wenn einer glaubt, er kann machen was er will, sind wir hart.«

Leopold und Josefine Hawelka – eine Wiener Institution!

Zwei Menschen, deren Persönlichkeit Besucher aus der ganzen Welt magnetisch anzieht.

Sie vermitteln die Freude am Beruf des Kaffeesieders. Schätzen den Kontakt mit den Menschen. Leben im und für das Hawelka. Im Zwei-Schicht-Betrieb.

Lange Jahre hindurch hat man in Wien gesagt: Die Ehe der Hawelkas besteht darin, daß sie sich im Morgengrauen am Stephansplatz wie zwei Straßenbahnen kreuzen.

Sie geht aus dem Kaffeehaus nach Hause in ihre Wohnung in der Köllnerhofgasse, er macht sich gerade von daheim auf den Weg, um die Frühstücksgäste zu betreuen.

Vielleicht hat ihre Ehe deshalb so lange gehalten.

»Wir sind nicht dauernd im Bett umanandergekugelt und haben uns damit überbekommen.

Da können sie sich ja bald nicht mehr sehen und werden grantig. Deshalb gehen so viele Ehen auseinander. Wir haben einmal in der Woche Ruhetag. Das ist Dienstag. Den Tag halt ma aus miteinander.«

Die Hawelkas haben schon mehr miteinander ausgehalten.

»Es muß ein Vertrauen da sein, daß man net zu sehr aufeinander pickt. Jeder muß ein eigenständiger Mensch bleiben. Und dabei frei, auch wenn er seine Pflichten ernst nimmt.«

Leopold ist der Sohn eines Schuhmachermeisters aus Mistelbach in Niederösterreich.

Josefine stammt aus einer Fleischhauerfamilie im oberösterreichischen Kremsmünster.

Beide wurden streng zur Arbeit erzogen.

Kennengelernt haben sie sich 1930 im Wiener Restaurant Deierl.

Leopold hatte dort schon seit 1925 als Lehrbub gearbeitet.

Josefine wurde Sitzkassiererin beim Deierl.

»Der Poldl war a liaber Kerl, er hat allaweil g'lacht.«

»Sie hat einen Charme gehabt und einen Geist, die Frau«, sagt der Poldl.

»Das hat mich angeregt.«

Josefine wußte, was sie wollte.

»Wenn ich heirat', muß ich eine Ausstattung haben. G'wand und Bettzeug für dreißig Jahr'.«

Noch etwas war ihr klar: »Ein Mann arbeitet fleißig. Aber es muß jemand da sein, der ihm einen Halt gibt. Eine Frau kann einen Mann hochziehen oder ruinieren. Mit 50 sieht man dann, was sie aus ihm gemacht hat.«

Der Leopold sagt: »Ich hab' mich führen lassen von meiner Frau.«

Bis zur Heirat vergingen sechs Jahre.

»Wenn mei Frau glei mit mir ins Bett gangen wär, hätt i s' gar net g'nommen. Dadurch, daß eine Frau zurückhaltend ist und es spannend macht, bleibt man hängen.«

1936 war es soweit.

Josefine sagte: »Was andere können, können wir auch!«

Während Leopold auf Saison in Gastein arbeitete, klapperte sie mit der Straßenbahn rund 50 Caféhäuser ab. Im Oktober 36 unterzeichneten sie den Pachtvertrag für das Café Alt-Wien in der Bäckerstraße.

»G'redet hab' i wia a Wasserfall«, sagt Josefine Hawelka. »Man muß die Menschen beeinflussen. Die überlegen sich ja, wem sie das Geschäft geben.«

Wie immer in Wien wurde auch damals gеunkt: »Die gehen z'grund . . .«

»Warum sollen wir z'grund gehen«, entgegnete Frau Hawelka. »Wir sind sparsame Menschen und arbeiten viel.«

Das Kaffeehaus war bis 4 Uhr früh geöffnet. Nur am Montag sperrten sie schon um 2 Uhr früh. Ihre Flitterwochen verbrachten sie im Lokal und in einem Kammerl im Hintertrakt. Zwischen Kaffeesäcken, denn eigentlich war das Schlafzimmer ein Abstellraum.

»Wir sind Menschen, die in jeder Art Maß halten«, sagt Leopold Hawelka. »Beim Essen, beim Fortgehen und in der Liebe. Nur net beim Arbeiten.«

Das Weihnachtsfest im 36er Jahr war nicht sehr strahlend. Sie hatten nicht einmal einen Christbaum.

»Ich war deprimiert«, erinnert sich Leopold. »Aber meine Frau hat gesagt: ›Es wird schon werden. Man muß die Schwierigkeiten überwinden. Man darf net gleich verzagen.‹«

Frau Hawelka sagt: »Wenn sich zwei Menschen vertragen, überwinden sie vieles.«

Am 15. Mai 1939 um 15 Uhr haben sie am »Tisch eins Mitte« Erspartes und Ausgeborgtes zusammengelegt und dann dafür das Kaffeehaus Ludwig Karl in der Dorotheergasse 6 für 35.000 Reichsmark gekauft.

Was bedeutete, daß sie bis zum 1. Dezember 39 zwei Kaffeehäuser führen mußten. Der Pachtvertrag des Alt-Wien lief erst zu diesem Zeitpunkt aus.

So ganz »nebenbei« kam am 24. Juli 1939 ihre Tochter Herta auf die Welt. »Ich hab' praktisch bis zur Niederkunft gearbeitet«, sagt Josefine Hawelka.

Ein Jahr später wurde Günther geboren.

Zu diesem Zeitpunkt war Leopold Hawelka bereits eingerückt.

Ein Held war er zwar nie (»Meine höchste Charge war Obergefreiter«), dafür aber »ein Soldat mit Glück«. Seine Einheit wurde noch kurz vor der Einkesselung aus Stalingrad abgezogen.

»Ich bin net sehr gottgläubig, aber ich danke Gott, daß ich nach Hause gekommen bin. Deshalb arbeite ich so fleißig.«

Im September 45 wurde das Hawelka, das man im Krieg als Lagerraum verwendet hatte, wieder eröffnet.

Der Chef fuhr persönlich mit dem Kinderwagen in den Wienerwald und sammelte Holz. Im Hawelka gab's damals – eine Rarität! – schon Brote mit Schweinefleisch. Leopold hatte das Fleisch bei seiner Mutter am Land besorgt.

Die große Zeit begann! Jene Ära, in der Künstler einen Tag lang beim kleinen Braunen saßen und nächtelang diskutierten. Im Hawelka wurde gezeichnet und geschrieben. Literaten wie Jeannie Ebner, H. C. Artmann und Ernst Jandl prägten die Szene. Den Hawelkas wurde von Ernst Fuchs ein Ölgemälde um 1000 Schilling angeboten.

Josefine lehnte ab. Es war ihr zu teuer.

»Viele haben damals nix g'habt«, sagt Leopold Hawelka.

»Und heute sind sie große Leute. I bin immer der Hawelka. Und i bleib so, wia i bin.«

Der Erfolg ist ihm nie zu Kopf gestiegen. Die unzähligen Filme, Bücher und Reportagen hat er mit gelassener Freundlichkeit erlebt, so wie das goldene Ehrenzeichen der Stadt Wien. Er trägt sein Mascherl und die fleckige Schürze, gibt Stammgästen die Hand und lächelt das Lächeln eines Mannes, der schon so viel gesehen hat, daß er nichts mehr verurteilt.

»Das Caféhaus ist sein Lebenswerk«, sagt der Sohn. »An dem hängt er wie eine Kletten. Meine Eltern arbeiten überhaupt zuviel. Aber sie sind glücklich.«

Leopold und Josefine praktizieren unverändert Partnerschaft.

Er macht die Frühschicht von 8 Uhr früh bis zum späten Nachmittag. Sie schupft den Abend- und Nachtbetrieb.

Manchmal wäre Leopold auch am Abend noch gerne mit dabei.

»Aber meine Frau schickt mich nach Hause . . .«

»Muß ich ja«, erklärt Josefine bestimmt. »Er schaltet sonst nicht ab.«

Die Gäste spüren, daß die Hawelkas nicht mehr aus finanziellen Gründen arbeiten. Geld haben sie genug. Man hat Gerüchte lanciert, daß sie die umfangreichste Bibliothek in Wien besitzen – lauter Sparbücher. Aber es ist weit mehr die Freude am Geschehen, das sie an der Kaffeemaschine ausharren läßt. Das Interesse an der Entwicklung ihrer Gäste – und an deren Kindern.

»Ich bin eigentlich ein Egoist«, sagt Josefine Hawelka.

»Ich lache mit den Gästen und werde ständig jünger.«

Georg Danzer

Kunst ist Sehnsucht nach dem besseren Ich

»Seelisch war ich schon mit 18 Jahren reif«, sagt Georg Danzer. »Geistig bin ich es erst mit 30 geworden.«

Jetzt ist er 37 und hat erkannt: »Um kritisch denken zu können, muß man erst einmal das goldene Götzenbild von sich zerschlagen. Erst dann wird man frei.«

Das goldene Götzenbild: Ansprüche, die man an sich stellt, weil »man« das tut. Ansprüche, die man nie erfüllen kann. Ein Rollenspiel, bei dem der Mann das Weibliche in sich verdrängt und die Frau das Männliche. Entseelter Ungeist in einer Welt der Technokraten. Eine Hinrichtung der Gefühle.

Danzer schreibt Lieder für Individualisten. Er ist ein sanfter Poet mit bitteren Wahrheiten. Ein Hölderlin mit Worten der Petra Kelly. Auf seinen Lippen wachsen die Schwächen von ängstlichen, freiheitssuchenden Menschen, die Nöte der Fixer, Exhibitionisten und Lebensmüden, die Zynismen gegen Duckmäuser, Jasager, Rechtsradikale und linke Mitmarschierer. Er verkörpert die Ohnmacht gegenüber der Intoleranz.

»Natürlich«, sagt er, »bin ich selbst auch nicht immer mit der Idealvorstellung identisch, die ich zu Papier bringe. Aber ich versuche permanent, ihr nahezukommen. Kunst ist für mich die Sehnsucht nach dem besseren Ich. Kunst ist überhaupt nur dann existenzfähig, solange die menschliche Gesellschaft nicht gesund ist.«

Wenn er heute hofft, daß es einmal ohne Herren und Sklaven gehen wird, davor warnt, daß der Mensch »a Krätzn is, hinterlistig, feig und mies«, ihm aber den Willen zum Gutsein konzediert, oder aber behauptet, wer nur Kompromisse macht, wird selbst zum Kompromiß, so sind diese Erkenntnisse das Resultat eines kontinuierlichen Arbeitsprozesses an sich selbst. Hart richtet er nicht nur seine Umwelt, sondern auch sich selbst. Er beurteilt dieses oder jenes Lied von früher als »Mist« oder gibt offen zu, daß er sich manchmal nach der Produktion einer LP »ausgebrannt« fühlt und einfach nicht mehr weiter weiß.

»Unser elitärer Status als Künstler besteht darin, daß wir uns den ganzen Tag mit dem Innenleben beschäftigen können«, sagt Danzer. »Das Getue mit dem Starruhm ist dazu nur Nonsens. Ich fühle mich als Pars pro toto, als kleiner Teil der Welt. Aber ich habe die Möglichkeit, den Menschen durch mein Beispiel zu zeigen, daß sie sich nicht allein gelegentlich mutlos und unbehaglich fühlen.« Nach einem Konzert schrieb ihm ein junges Mädchen: »Ich bin glücklich, voll von Sehnsucht, guter Wut und Liebe. Glücklich.

Vielleicht ist es das Gefühl, doch nicht so verdammt allein zu sein.«

In Danzers Korrespondenzordnern finden sich auch sehr viele Reaktionen auf ein Lied gegen den Drogenkonsum. »Es hat stark auf mich gewirkt, wie Du gestern in der Fernsehsendung gesagt hast, daß wir den Rauschgiftsüchtigen helfen müssen, weil sie es allein nicht schaffen«, schrieb ein 15jähriger Fan nach einem Auftritt im ZDF. »Ich will es tun. Aber wie?«

»Jeder sollte bei sich selbst beginnen und sein faules, bequemes Ego bekämpfen«, meint Georg Danzer. »Die Demokratie muß in der kleinsten Zelle, der Familie, etabliert werden, wenn wir nicht Huxleys ›Schöne Neue Welt‹ bekommen wollen. Jeder muß versuchen, sich als Politiker zu fühlen und nicht seine Belange dauernd in die Hände von anderen zu legen.«

In seinem Buch »Die gnädige Frau und das rote Reptil« läßt er einen Götterknaben auftreten und einem Pärchen all die brutalen Wahrheiten unseres Alltags ins Gesicht schleudern. »Da sitzt ihr Vollidioten jeden Abend, Tag für Tag vor euren Fernsehgeräten, hungrig nach Liebe, und wartet und wartet, worauf weiß kein Mensch, bis euch die Fernsehsprecherin wie eine Kindergartentante für Erwachsene ins Bett schickt, wo ihr noch stundenlang nicht einschlafen könnt, weil ihr den ganzen Tag über nichts getan habt – oh, ich weiß, ihr habt gearbeitet, ihr habt euch euer Brot verdient, aber getan habt ihr nichts. Und wenn, dann meist nur Schlechtes.

Ihr habt armen Menschen irgendwelche Dinge angedreht, die sie gar nicht brauchen, ihr habt ihnen eingeredet, daß sie schön und jung und jung und schlank sein müssen, und daß Altsein eine Sünde sei. Ihr habt Werbeprospekte des Staates an Haushalte verteilt, in denen steht, daß Atomkraft frei macht und Bomben glücklich ... Ihr scheißt auf eure Städte und pißt in eure Flüsse, ihr verseucht die Tiere mit Hormonspritzen und vergiftet die Felder mit Chemikalien, eure Meere sind Tröge voller Lauge, eure Berge hochgetürmte Haufen aus Dreck und Trauer. Ihr seid eine Generation von Abgasatmern und Schleimfressern ... Und immer erwartet ihr ein Rezept für euer Leben: von Gurus, Politikern, von Künstlern, Wahrsagern und Astrologen. Eine Lösung von *oben*, das ist es, was ihr wollt. Weil ihr zu faul und zu blöde seid, selbst die Verantwortung zu tragen, zu ängstlich und feige zuzugeben, daß nur ihr *allein* ›Herr‹ sein könnt über euer Schicksal.«

Worte eines Mannes, der es am eigenen Leib verspürt hat, was es heißt, Angst zu haben. Der als verweichlichtes Einzelkind einer kleinbürgerlichen Familie in einer Wohnung am Margaretengürtel aufgewachsen ist. Dort donnern die Lastwagen mit einer derartigen Vehemenz vorbei, daß es dich aus dem Bett wirft. Georg wird heute noch manchmal in der Nacht aus Alpträumen von röhrenden Motoren aufgeschreckt. Aber da waren auch noch die Banden, die den pyknischen »Schurli« regelmäßig in die Zange nahmen und verprügelten. Bis er sich mit fünfzehn in einen Boxverein einschreiben ließ und einem Burschen im Handgemenge den Arm brach. Dann war Ruhe. Aber eine schöne Jugend war's trotzdem nicht. Nach der Schule kamen die ersten Gehversuche im Musikgeschäft. Poetische Texte, sensible Kompositionen, wenig Erfolg. Bis ihm mit Trivialliedern wie »Jö schau« und »Der Dodl mit der Rodl« Fixsterne am Schlagerhimmel gelangen. Er war plötzlich »der Danzer«, und seine Fans waren bald darauf entsetzt, weil er schon kurze Zeit später nicht mehr jener Danzer war, den sie sich vorstellten. Sondern ein junger Mann, der plötzlich sozialkritische Lieder schrieb und nicht in den Maschen der Platituden hängenbleiben wollte. Wodurch er mit einem Phänomen Bekanntschaft machte, das in Wien schon Legionen von Künstlern spüren mußten: Kleinkarierter Neid. Als er 1980 die LP »Traurig aber wahr« präsentierte und über den Umstand philosophierte, daß es nur so lange Verlierer gibt, als man die Sieger siegen läßt, nahm man ihm – da er nunmehr selbst ein Sieger mit Atelierwohnung und Surfbrett geworden war – nicht ab, aus tiefer Überzeugung für die Verlierer einzutreten. Was dem in Wien lange Zeit verkannten Sigmund Freud zweifellos interessante Betrachtungsmöglichkeiten über den Seelenzustand der Neider geboten hätte.

»Ich leiste mir Wien eigentlich nur als Hobby«, sagt Danzer, der den Notausgang in die BRD schon allein aus finanziellen Gründen einige Monate pro Jahr benützt. »Es will mir einfach nicht in den Kopf, daß man mich ausgerechnet in der Stadt, zu der ich mich hingezogen fühle, nicht verstehen will.«

Dafür klappt's mit dem Familienleben um so besser. Georg und Dagmar sind seit 1975 verheiratet und haben zwei Kinder. »Die Kinder kämpfen geradezu miteinander um die Liebe des Vaters«, sagt die Oma. Was sich damit erklären läßt, daß Georg zur neuen Generation der »sanften Väter« gehört, die sich nicht schämen, mit ihren Kindern viel zu schmusen, gemeinsam herumzufahren und offen über alles zu sprechen. Georg arbeitet in der Wohnung. Er hat in seinem Arbeitszimmer Tonbandgeräte, Mikrophon und Klangcomputer. Genug technische Spielereien, um Demo-Bänder zu produzieren, ohne das Haus verlassen zu müssen. Verschlossene Türen gibt es nicht. Daniela, die Ältere, hat schon vor der Volksschule gelernt, Rücksicht zu nehmen, wenn der Papa komponiert. Vielleicht deshalb, weil sie weiß, daß er im Grunde immer für sie Zeit hat. Sie hat ihr Zimmer mit Wandmalereien verziert, zeichnet leidenschaftlich gern und wird dabei von ihren Eltern gefördert. Es wird gelobt, aber kein Leistungszwang gesetzt. Als sie eine besonders schöne Hausaufgabe zeigt, sagt Georg: »Toll, darauf wirst du bestimmt einen Einser bekommen.« Und dann nach einer kurzen Pause: »Und wenn du keinen Einser bekommst, macht es auch nichts.«

Wie zur Erklärung fügt er dann hinzu: »Die

Familie gibt mir Geborgenheit und war richtig für meine Entwicklung. Ich geh' auch kaum noch aus in die Stadt, wenn ich nicht grad auf Tournee bin. Ich hab' von meinen Kindern viel mehr gelernt als von den Leuten in den Lokalen.«

Er zündet sich eine Zigarette an. Sagt schnell nebenbei: »Auch ein Beispiel dafür, daß ich nicht mit meiner Idealvorstellung identisch bin. Rauchen ist ungesund und ich tu's trotzdem.«

Nimmt dann wieder den Gesprächsfaden auf.

»Wir Erwachsene glauben doch immer, daß wir alles wissen. Nehmen wir ein abstraktes Beispiel. Dort ist ein Baum. Also sagen wir: Der Baum sieht so und so aus. Und dann kommt ein Kind und zeigt uns ganz neue Seiten an diesem Baum. Dieses Erlebnis möcht' ich nicht mehr missen.«

Seine Angst, daß ihm nichts mehr einfallen könnte, hat er mit zunehmender Reife und Erfahrung weitgehend verloren. Auch die Unsicherheit, sich vor jemand rechtfertigen zu wollen, wenn der höhnisch zu dir sagt: »Na, Alter, lang hat ma scho nix mehr von dir gehört. Machst du nix mehr?«

»Da antwort' i dann nur mit: ›Du hast eh recht, ma hat schon lang nix mehr von mir gehört‹«, sagt Danzer schelmisch. »Und dann frag ich gleich: Geh, kannst ma net a Essen zahlen?«

Er schmunzelt. Etwas, was ihm früher in Anbetracht der Zynismen in der Showbranche nicht so leicht gefallen ist. Aber heute haben sich seine

Sorgen eben verlagert. Er hat sich für die Sperre von Zwentendorf eingesetzt. Und er engagiert sich bei Friedensdemonstrationen. »Weißt du, ich hab' keine Verlustangst mehr«, sagt er ernst. »Ich könnte mir vorstellen, in einer Wirtschaftskrise mit meiner Familie in eine kleine Wohnung zu ziehen und Holz zu hacken, wenn wir uns die Zentralheizung nicht mehr leisten können. Aber ich möcht' nicht einmal mit meinen Kindern auf dem Buckel vor den Bomben davonrennen müssen.«

Liane Höbinger-Lehrer – Rosen für Frau Staatsanwalt

Im Zweifel für die Opfer

»Da kommt die Sängerin«, wurde im Wiener Landesgericht für Strafsachen getuschelt.

Damals, als sie sich ihre ersten Sporen verdiente.

Damals, im ersten Gerichtsjahr.

Das war 1970.

Der späte Neubeginn für eine Juristin, die zwischen 1960 und 1969 erste Sängerin am Landestheater Linz gewesen ist.

Stimmlage: lyrischer Sopran.

Rollen: Die Palette vom Oktavian (»Rosenkavalier«) über die Mimi (»La Bohème«) bis zur Rosalinde (»Fledermaus«).

Photos von ihren Auftritten zeigen die feminin-attraktive Künstlerin Liane Lehrer. Eine Frau, die in das Klischeebild vom anbetend-devoten Geschöpf an der Seite des Mannes paßt.

Wer sie hingegen heute als Staatsanwältin Liane Höbinger vor Gericht sieht, spürt die selbstsichere Gewandtheit einer Frau mit Vergangenheit.

»Sie sind ein Radikalinski«, hat der ehemalige Justizminister Christian Broda einmal zu ihr gesagt.

Liane Höbinger hat geantwortet: »Unsere

vornehmste Aufgabe ist nicht der Schutz des Verbrechers, sondern der Schutz der Gesellschaft. Wenn wir Mörder nach fünfzehn Jahren wieder freilassen, sind wir für ihre Taten verantwortlich.«

Offene Worte in einer Ära des liberalen Strafvollzuges, in der so manches Opfer das Gefühl vermittelt bekam, den ach so unverstandenen Straftäter womöglich zu sehr provoziert zu haben.

Frau Dr. Höbinger ist anderer Meinung.

»Bei Gewaltdelikten, Kapitalverbrechen oder Rauschgifthandel hilft nur die harte Linie. Einen Hendldieb braucht man jedoch nicht streng verfolgen. Ich bin auch milde, wenn einer dreißig Vorstrafen hat, weil er aus einer Manie heraus immer wieder Postkarten stehlen muß. Der Mann tut mir so leid, daß mir zum Heulen ist. Dem möchte ich die Postkarten am liebsten schenken. Aber ein betrunkener Autoraser, der einen Menschen totfährt und dann seine Alkoholisierung mit allen Mitteln zu rechtfertigen versucht, macht mich zornig.«

Die Justiz kann mit ihrer rein irdischen Machtbefugnis versuchen, den Menschen zu schützen, meint Liane Höbinger. Verzeihen kann nur der liebe Gott.

Ihre Ansichten klingen altmodisch in einer Welt der schwindenden Werte. Sie sind umso bemerkenswerter, weil sie von einer Frau stammen, der man in Anbetracht ihrer Entwicklung eher artifizielle Leichtfertigkeit als gesunden

Menschenverstand zubilligen würde. Das Kind eines Polizeizentralinspektors und einer Hausfrau wird erstmals nach dem Krieg mit Kunst konfrontiert. Lohengrin ist ihr erstes Opernerlebnis. Liane ist zwölf. Dann kommen die Meistersinger. Mit vierzehn schwärmt sie bereits von Opernstars. Ihr Idol ist Julius Patzak. Sie investiert ihr gesamtes Taschengeld in Stehplatzkarten. Genießt als Geburtstagsgeschenk einen Platz in der Proszeniumsloge. Hofiert die Künstler am Bühneneingang. Darf für sie schließlich Schreibarbeiten erledigen. Und wird dabei selbst entdeckt. »Kinderl, du hast a Stimm«, bemerkt Kammersänger Paul Schöffler. Liane nimmt Gesangsunterricht bei Tino Patiera, verliebt sich jedoch kurz nach der Matura in einen Geschäftsmann und beginnt auf dessen Wunsch Jus zu studieren.

Die Ehe scheitert nach der 1. Staatsprüfung.

Liane studiert trotzdem weiter. Absolviert das Studium in Rekordzeit. Und bewirbt sich nach der Promotion an der Musikakademie.

1957 singt sie bereits den Oktavian.

Es folgen Engagements in Ulm, Stuttgart und in der Schweiz. »Kunst ist ein Lebenselixier wie die Natur«, erkennt sie.

»Kunst ist schön und absolut. Kunst hat immer einen Sinn, weil man damit Freude macht.«

Diese Einstellung hilft ihr, Rückschläge zu verkraften. Zum Beispiel nach dem Verriß ihrer Darstellung der Elvira in »Don Giovanni«.

»Ich war natürlich traurig, hab' mir dann aber

gesagt, daß ich sicher nicht unschuldig daran bin. Du mußt dich eben selbst am Genick wieder rausziehen. Eigentlich hat man doch überhaupt nur echten Grund zur Trauer, wenn man einen geliebten Menschen verliert.«

Die Liebe hat in ihrem Leben immer eine große Rolle gespielt. »Ohne Liebe wäre doch alles sinnlos. Mir geht's zumindest so, daß ich aus dem Miteinander Kraft und Lust am Leben schöpfe. Karriere ist sehr schön. Aber dafür würde ich nie mein Gefühlsleben opfern. Vielleicht ist das der Grund, warum ich als Sängerin nicht mehr geworden bin . . .«

Während ihres Engagements in Linz hat sie Auslandsangebote abgelehnt. Es war ihr bewußt, daß damit der internationale Karrieresprung verbunden gewesen wäre. Aber da war wieder ein Mann des Herzens in Linz, da waren die Eltern in Wien, da war das Gefühl der Geborgenheit in einer überschaubaren Stadt mit treuem Stammpublikum. 1969 kam ein neuer Intendant ans Landestheater. Von Einsparungen war plötzlich die Rede, von Gehaltskürzung und einer Präferenz des gesprochenen Wortes zuungunsten der Musik.

»Da hab' ich gespürt, daß ich jetzt aufpassen muß«, erinnert sich Liane Höbinger. »Ich hätte nach Hannover oder Dortmund übersiedeln können. Aber dort hätte ich mich nicht wohlgefühlt. Und einen Rückschritt wollte ich auch nicht machen.«

Sie gab am 5. Juli 1969 ihre Abschiedsvorstellung. Begann, nach reiflicher Überlegung, am 1. Jänner 1970 in Wien mit dem Gerichtsjahr. Bekam eine Stelle beim Arbeitsgericht. Und hatte »wie so oft in meinem Leben Glück«.

»Die Kollegen waren freundlich zu mir. Keiner hat sich wegen des Altersunterschieds lustig gemacht.«

Zur Zielstrebigkeit kam Zufall.

Der musikbegeisterte damalige Präsident des Landesgerichtes für Zivilrechtssachen hörte sie beim Heurigen in einer Freundesrunde singen, wurde auf sie aufmerksam und ermunterte sie, die Richtsamtsanwärterprüfung anzustreben. Sie nahm drei Monate unbezahlten Urlaub. Fuhr nach Jugoslawien. Studierte täglich ab fünf Uhr früh am Strand die Paragraphen. Schaffte die Prüfung. Und ist mittlerweile selbst nicht nur erster Staatsanwalt, sondern auch Ausbilder.

»Ich bin froh, daß ich diesen Umstieg gewagt habe«, sagt eine strahlend-gelassene Frau in ihrem schmucken Haus am Stadtrand von Wien. »Es war richtig, das Risiko einzugehen. Es finden sich eigentlich immer Menschen im Leben, die dir weiterhelfen.«

Ihr Alltag ist unverändert intensiv. Sie kümmert sich um den Garten, spielt Tennis, wandert oder hört klassische Musik. Sie ist inzwischen wieder glücklich verheiratet, betreut ihren Vater und dessen zweite Frau, und schöpft seit dem Tod ihrer Mutter Mut aus dem Glauben an ein Leben nach dem Tod.

Ob es etwas gibt, was sie rückwirkend bereut?

»Vielleicht, daß ich keine Kinder habe«, sagt Liane Höbinger.

»Aber irgendwie ist sich das nicht ausgegangen. Ich gehöre halt zu der Generation, die noch einen Vater zu einem Kind haben möchte. Und den hat's eben damals zur richtigen Zeit nicht gegeben.«

Sie schmunzelt verschmitzt.

»Und als Sängerin Staatsanwalt zu werden und dann noch ein uneheliches Kind in die Welt zu setzen, wäre wohl doch etwas zuviel gewesen . . .«

Dr. Thomas David

Führer der Unterdrückten

Der Herr Doktor hat Tiergeschichte gemacht!

- Mit einer revolutionären Operationsmethode gegen Dackellähmung. Seitdem der Patient »Lumpi« gesundet ist, kommen Dackelbesitzer aus ganz Europa nach Wien.
- Mit der ersten Schildkrötenoperation in Österreich. David hat der Schildkröte »Lieserl« acht unbefruchtete Eier, die zum Tod geführt hätten, erfolgreich entfernt.
- Mit Sprunggelenken aus Silikon, die den Spaniel »Donald« wieder auf die Beine brachten. Donald ist wohlauf.

Und Thomas David freut sich wie ein Kind. »Ich habe den schönsten Beruf, den man sich vorstellen kann«, sagt der muskulös-massive Veterinärchirurg in seiner Privat-Tierklinik in Wien-Wieden. »Ich kann doppelt helfen – dem Tier und dem Besitzer.«

Leben ist für ihn Verpflichtung. Ein Wechselspiel aus Selbstkritik und Selbstdisziplin, Sieg und Niederlage, Triumph und Zweifel. Leben ist Kampf. Dr. David hat frühzeitig kämpfen gelernt. 1940 wurde er in Budapest geboren.

Die Familie, alter magyarischer Adel, zerbricht am Krieg. Der Vater, ein Gynäkologe, läßt sich nach der Rückkehr aus der russischen Kriegsgefangenschaft scheiden und heiratet ein zweites Mal. Die Mutter zieht sich in ein kleines Dorf zurück. Thomas wächst beim Großvater auf. Geld ist nicht viel vorhanden. Sie leben gemeinsam in einem Untermietzimmer. Auf die Geisteshaltung kommt es an, sagt der Großvater, ein Freimaurer.

»Ich glaube, daß eine harte Jugend die beste Basis für ein vernünftiges Leben ist«, resümiert Thomas David 1983 in Wien. »Es ist gut zu wissen, was Not ist. Das ist wie mit der Freiheit. Den Wert kann nur jemand begreifen, der einmal Unfreiheit erlebt hat.« 1956 kämpft er in der Ungarnrevolution. Wird am rechten Ellbogen verwundet. Sieht Freunde sterben. Und kalkuliert nach dem Fiasko: In Ostblockländern kommst du ohne Bonzen-Protektion nur dann zu einer exzellenten Berufsausbildung, wenn du dem Regime als sportliches Aushängeschild nützlich bist.

Mit 17 ist er Judomeister in der Nationalmannschaft. Mit 18 maturiert er mit Staatsauszeichnung. Mit 23 promoviert er summa cum laude zum Veterinärchirurgen. Judo prägt seine Studienzeit.

»Man lernt Härte und das Ertragen von Schmerz. Sowohl körperlich als auch seelisch . . .«

1964, kurz nach der Promotion, emigriert der Freiheitsfanatiker nach Österreich. Wieder ist es ein Ausspruch seines Großvaters, der die Entscheidung beeinflußt: »Der gerade Weg ist schwierig – aber dafür kann man immer ruhig schlafen und sich in den Spiegel schaun.« Am Anfang hat er in Wien allerdings nicht viel Zeit dazu. Um Geld zu verdienen, wäscht er Wagen und schleppt Teppiche. »Ich habe trotzdem nicht mit meinem Schicksal gehadert und mir immer wieder gesagt: Qualität setzt sich durch. Der Bessere kommt vorwärts!«

1968 pachtet David ein kleines Souterrain-Lokal und installiert, mit sehr viel Schulden, darin seine Tierklinik. Um seitdem besessen – zum Leidwesen seiner Frau und der beiden Töchter – nahezu sieben Tage in der Woche zu arbeiten. »Wenn du deinem Verantwortungsgefühl gerecht werden möchtest, mußt du dich dauernd anstrengen. Außerdem bin ich draufgekommen, daß Kreativität der Schlüssel zum Glück ist. Passivität hingegen ist der seelische Tod.«

Eine innere Unruhe treibt ihn ständig voran. Sogar im Urlaub. Da denkt er entweder an die Konstruktion von neuen Instrumenten, arbeitet an einer Neuauflage für seinen »Atlas der Kleintierchirurgie« oder fotografiert, was in bemerkenswerten Bildbänden und Kunstkalendern zum Ausdruck kommt: zum Beispiel die griechischen Inseln. Bilder, in denen die Spannung zwischen Denken und Glauben spürbar wird. Kontraste zwischen dem Säulen-Hellas und dem Gegenwartsgriechenland. Zwischen Vernunft und

Gefühl, Poesie und Dynamik. Dann wiederum streift er durch New York. Bringt die Gigantomanie der Wolkenkratzer zum Ausdruck. Oder fotografiert Schaufensterpuppen: Menschen mit Maske? Plastikattrappen mit Seele? Beides ist richtig. Beides ist falsch. Der traurig-sinnliche Blick. Die arrogante Leere.

»Wir sind eigentlich alle Maskenträger, fallen aufs Äußerliche herein, ohne das Menschliche im Menschen zu sehen«, sagt David anläßlich der Präsentation des Bildbandes »Puppenmenschen«. Äußerlichkeiten – ein Teil seines Lebens. David lebt sie mit Zigarren, Sekt und – seitdem die Klinik etabliert ist – mit einem Sportwagen. Er ist eine Mischung aus Einzelgänger und Herdenmensch. Hat viele Freunde. Bekam im Gymnasium den Spitznamen »Führer der Unterdrückten«. Setzt aber auch mit Ellbogen und in Söldnermanier seine persönlichen Ziele durch, wenn er von ihrem Wert überzeugt ist.

»Ich versuche meinen Kindern zu vermitteln, daß das Aneignen und Verwerten von Wissen der Sinn unseres Lebens ist. Daß es unsere Pflicht ist, nützlich zu sein. Und daß unsere Gedanken ständig darum kreisen sollten, wie wir uns veredeln können, um anderen zu helfen.«

Manchmal träumt er davon, Multimillionär zu sein, um ein Kommunikationszentrum für junge Leute auf dem Berg Athos zu gründen. Die besten Wissenschafter und Philosophen sollen dort gemeinsam mit jungen Menschen über die Voraussetzungen für eine gesunde Welt ohne Atomwaffen und Haß diskutieren. David, der Realist, lächelt bei diesem Gedanken über David, den Utopisten. Der Realist vermutet, daß man den Zerfall der Gesellschaft kaum noch aufhalten kann. Der Utopist wird den Realisten jedoch weiterhin motivieren. Und zu ihm sagen: »Glaube und Hoffnung sind die größten Motoren der Welt! Ohne Glaube und Hoffnung sind die Menschen verloren!«

Für den Bauorden unterwegs – Rosita Messeritsch

Wir vertrauen auf die Zukunft

Rosita Messeritsch (36) ist blind. Ein Schicksal, an dem manche Menschen verzweifeln. Verständlich. Aber Rosita Messeritsch denkt gar nicht daran, sich selbst zu bedauern.

»Das Leben geht genauso weiter«, sagt die hübsche Frau, die gemeinsam mit Mann und Sohn in einer Wiener Genossenschaftswohnung lebt. »Wer sich abkapselt und ins Winkerl setzt, ist selber schuld.« Seit zwei Jahren sieht sie nichts mehr. Und gibt ihrer Umwelt ein Beispiel dafür, daß man blind mehr sehen kann als mit gesunden Augen. Sie geht wie früher mit ihrem Mann auf Partys, nur mit dem Unterschied, daß »ich nicht wie früher vom Aussehen eines Menschen abgelenkt werde. Statt dessen fühl' ich, wie er ist«. Früher war sie eine Ordinationshilfe, jetzt besucht sie das Blindeninstitut in der Wittelsbachstraße, um die Blindenschrift zu lernen und Mobilitätstraining zu machen.

Und wenn alles klappt, wird Rosita Messeritsch auch im kommenden Sommer wieder bei einem Projekt des Bauordens für sozial Bedürftige mit dabeisein. So wie einst als junges Mädchen. Damals hat sie beim Hausmaueraufstellen ihren Mann Leopold in Frankreich kennengelernt.

»Damals«, sagt Frau Messeritsch, »damals hat sich mein Leben verändert. Früher war ich ein behüteter Gouvernantentyp. Plötzlich hab' ich gelernt, wie toll Kameradschaft ist und wie sehr es einen selbst aufbaut, wenn man wo hilft. Der Bauorden hat mein Leben verändert.«

Der Bauorden: eine internationale Hilfsorganisation. Ohne – wie der Name vielleicht annehmen läßt – religiöse oder politische Einengung. Wer helfen will, darf mitmachen. Seit der Gründung in Belgien vor 30 Jahren sind mehr als 200.000 junge Menschen beim Bau von Bauernhöfen, Altersheimen, Schulen, Kindergärten, Kirchen in den Ferien ohne Lohn eingesprungen.

»Man tut ja eh nix normalerweise«, unterspielt die 18jährige Michaela, die in den letzten Ferien im süditalienischen Erdbebengebiet Beton gemischt und Steine geschleppt hat. »Aber dann lebst du gemeinsam mit anderen zwischen Trümmern, in Zeltlagern, das Kreuz tut dir weh, und du hast das Gefühl: Ich mach' was Gutes!«

»Ich hab' mich immer hilflos gefühlt, wenn ich in der Zeitung gelesen hab', wieviel Not es gibt«, erzählt Thomas (20), der im vergangenen Sommer an einem Heim für Behinderte in Portugal mitgebaut hat. »Alle Leute sagen: Das ist schrecklich! Aber sie tun nichts. Da hab' ich mir gedacht: Jetzt pack' ich an.«

Der Mann, der diese Hilfsbereitschaft in

Österreich organisiert, heißt Franz Josef Federsel. Ein freundlicher Gschaftlhubertyp, der sich trotz seines sozialen Engagements die Selbstironie bewahrt hat. Seine Erkenntnis »ich nehme mich zu wichtig« bestätigt, daß man nicht als Heiliger auf die Welt kommen muß, um karitativ tätig zu sein. Federsel war im Zweiten Weltkrieg bei der Marine, studierte Jus, Betriebsführung sowie Tief- und Tunnelbau, wurde Ingenieur, Generalsekretär an der Hochschule für Bodenkultur, staatlich geprüfter Sprengbefugter und zwischendurch Wildmeister in Afrika. Nebenbei fand er noch Zeit, um zu heiraten und zwei Söhne in die Welt zu setzen. Und »nebenbei« kam er 1953 durch Zufall mit dem Bauorden in Berührung. Um sich ab 1960 hauptberuflich dieser Aufgabe zu widmen. »Ich hab' mir gedacht: Eigentlich bist du dein Leben lang auf die Butterseite gefallen. Jetzt tust du was für die anderen.« Seine Familie war nicht begeistert.

»Die haben natürlich den Lebensstandard einschränken müssen, weil ich viel weniger als früher verdient hab'. Aber schlecht ist es uns nie gegangen.«

Schließlich identifizierten sich die Söhne mit der Aufgabe des Vaters.

»Die haben freiwillig in den Ferien in Lagern mitgeholfen. Darüber war ich sehr glücklich, denn sonst hätten womöglich noch Leute gesagt: Von überall organisiert er Jugendliche, aber seine eigenen Buam tun nix.«

Mit Federsel kam ein cleverer Manager in den

Sozialdienst, der nicht im Elfenbeintum über gute Taten sinniert, sondern die Werbetrommel rührt. Der es versteht, sich mit Kirche und Politikern aller Fraktionen zu arrangieren und gleichzeitig die Unabhängigkeit zu bewahren. Der sich nicht als Sozialapostel darstellt, sondern ungeniert zugibt, daß ihm diese Aufgabe selbst sehr viel Spaß macht. Was dazu geführt hat, daß es inzwischen mehr Helfer in Österreich als echte Notfälle gibt.

»Das klingt zwar absurd«, sagt Federsel, »ist aber eine Tatsache. Natürlich bekommen wir dauernd Bittgesuche. Aber da sind sehr viele Leute drunter, die sich nur verspekuliert haben und die billig zu einem Haus kommen wollen. Da springen wir natürlich nicht ein.«

»Aufbauen – nicht zerstören« lautet das Motto des Bauordens. Und obwohl Federsel Bewerber gleich am Anfang warnt: »Bei uns kriegts nichts außer Schwielen«, ist der Andrang in den letzten zwei Jahren immer größer geworden.

»Vielleicht ist für viele der Notdienst eine Therapie, um eine sinnvolle Aufgabe zu finden«, überlegt Federsel. »Auf jeden Fall schimpft man nicht mehr über die Jugend, wenn man diese Begeisterung sieht.« »Manche Leute werfen die Studenten alle in einen Topf«, sagt Martin (23), der in Friaul mitgeholfen hat. »Dabei sind die meisten von uns keine Demonstrierer und keine Demolierer. Wir vertrauen auf die Zukunft.«

So wie Rosita Messeritsch, die in Lagern gelernt hat, daß man das Leben genießen und sich amüsieren kann, ohne dauernd vor dem Spiegel zu stehen. Die keine »Superkatholikin« ist und in der Kirche auch keinen Geldschein demonstrativ in den Klingelbeutel wirft. Und die heute über ihre Vergangenheit sagt: »Eigentlich hab' ich sehr viel Glück gehabt, daß ich mithelfen durfte. Seitdem fall' ich immer wieder auf die Füß'!«

Joseppa Musyl

Ich steh' auf Österreich

Ein freistehendes Haus. Weißgekalkte Wände. Grünes Dach. Äcker, Wiesen, Wälder. Stille.

Gaisdorf ist in der Nähe, Graz fünfzehn Kilometer weit weg. Die Großstadthektik scheint Millionen Kilometer entfernt zu sein. Im Haus: Eine Bauernstube. Auf dem Jogeltisch: Brot, Grammelschmalz, Zwetschkenschnaps. Der Kachelofen spendet Wärme. Die Katze miaut. Ein Rabe starrt durchs Fenster. Es wird langsam dunkel.

»Ich hab' diese Stimmung sehr gern«, sagt Joseppa. »Ich steh' überhaupt sehr auf Österreich.«

Als sie elf war, übersiedelte ihre Familie nach Afghanistan. Der Vater hatte die Chance bekommen, im Rahmen der Entwicklungshilfe eine Musikschule in Kabul zu gründen.

»Ich hab' dort gelernt, daß man für alles Zeit haben muß. Hektik gibt's keine in Kabul. Da mag die rauhe Hitze beteiligt sein, aber auch die Mentalität. Die Menschen haben gelernt, zufrieden zu leben, obwohl sie mit dem Regime nicht einverstanden sind.«

Mit achtzehn kehrte Joseppa in die Steiermark

zurück. Und sah ihre Heimat nun aus einem anderen Blickwinkel.

»Mir ist bewußt geworden, wie gut man bei uns lebt.«

Joseppa absolvierte die Pädagogische Akademie, unterrichtete in Volks- und Hauptschulen, schließlich im Landesinstitut für Hörgeschädigte in Graz.

»Ich hab' schon ein bissel Angst g'habt am Anfang«, gibt sie zu. »Aber ich hab' Kinder gern, und schließlich ist es ein großes Erfolgserlebnis, wenn man ihnen Dinge beibringt, die für sie fast nicht zu schaffen sind.«

Gegenwärtig unterrichtet sie Neunjährige.

»Denen ging's am Anfang wie mir in der ersten Englischstunde. Da glaubst, du spinnst, weil du kein Wort verstehst. Die meisten können ja nur Urlaute, sind in ihrem Verhalten gestört, weil sie nie ein Gespräch der Eltern mitanhören konnten. Es kann zum Beispiel passieren, daß sie lachen, wenn einer weint.« Kein Wunder, daß einige Lehrer diese Belastung nicht ausgehalten und schon nach einem Monat um Versetzung angesucht haben.

»Ich helf mir mit Musik weiter«, sagt Joseppa. Unlängst hat sie in der Klasse afghanisch gesungen und dazu mit den Händen mitgeklatscht und über das ganze Gesicht gestrahlt. »Da hab ich geglaubt, i dreh durch vor Freud.«

Sie nimmt die Gitarre zur Hand. Zupft an den Saiten. 1974 hat sie in einem Grazer Musikgeschäft ihren Mann Paul kennengelernt, weil eine

Saite gerissen war. »Singst du auch?« fragte der Paul, und Joseppa sagte »ja«, und seitdem spielen sie gemeinsam. Die erste Gruppe hieß »Pauli & Wir«. Jetzt nennen sie sich »Joseppa & Musyl«. Einen Grundsatz, sagt Joseppa, haben sie nie aufgegeben: die kompromißlose Unabhängigkeit beim Musizieren.

»Wenn du's professionell machst, verlierst du die Freiheit, das zu tun, was du willst. Man muß dann Konzerte aufreißen, Arrangements mit Plattenfirmen treffen, sich verkaufen.«

Sie treten gern auf – wenn man sie darum bittet. Der Erlös kommt meist wohltätigen Zwekken zugute. Ihr Konzert am Heiligen Abend ist in Graz eine Institution geworden. Der Verkauf ihrer Langspielplatte »Das Mädchen mit den Schwefelhölzchen« dient zur Unterstützung behinderter Kinder.

Sie sprechen nicht gern darüber. »Was ist daran so besonders?« fragt Joseppa. Leicht zu beantworten: Weil's in der Showbranche so besonders ist, daß Künstler ihr Engagement nicht für besonders halten, hat sogar Landeshauptmann Krainer bei einer Veranstaltung die Pauke gespielt.

»Musik ist für mich ein Ventil zum Öffnen«, erklärt Joseppa. »Nach ein paar Stunden Musik bin ich ausgeglichen, auch wenn mich vorher etwas belastet hat. Ich bin zwar nur ein Laiendichter, aber trotzdem kann ich mich mit meinen Texten ausdrücken. Die Sprache ist für mich die Seele des Menschen.«

Paul nickt. Er ist introvertierter als seine Frau. Ein gelernter Mathematiker. Jetzt leitet er eine Musikschule.

»Es tut unserer Ehe gut, daß wir oft nächtelang zusammensitzen und gemeinsam an Liedern arbeiten. Da beschäftigst du dich nicht nur mit dir selbst, sondern auch mit dem anderen.«

»Ich spüre, daß ich wirklich alles spür'«, hat Joseppa einmal geschrieben. In der Schule sind ihrer Sprache Grenzen gesetzt. Als Autorin genießt sie die Vielfalt des Alphabets, die wir im Alltag oft nicht zu schätzen wissen.

Im Kachelofen prasselt das Feuer. Der Topf mit Grammelschmalz ist zur Hälfte geleert. Die Katze gähnt. Es ist Abend, Joseppa wirkt müde. Wir sprechen über den Rüstungswettstreit zwischen West und Ost.

»Ich hab Angst davor, Kinder in die Welt zu setzen«, sagt sie leise. »Wenn die so weitermachen, haben wir bald einen Atomkrieg.« Sie hebt den Kopf. Ihre Stimme klingt wieder lauter, als sie wie zur Erklärung ihrer Aktivitäten hinzufügt:

»Das ist aber noch lang kein Grund, mit dem Vorhandenen nicht das Beste zu versuchen. Man kann immer was tun . . .«

Herwig Seeböck

Schau auf die weißen Punkte

1980 platzte ihm der Kragen.

Kurz nach dem vierzigsten Geburtstag beendete Herwig Seeböck seine Schauspielerkarriere.

Enttäuscht sagte er: »In dem Beruf leistet man nix und blufft nur die Leut'.«

Für viele Leut' kam sein Entschluß nicht überraschend.

Der Mann mit der Löwenmähne und dem Vollbart gilt als Revoluzzer der Wiener Theaterszene. Er hat sich nie zum Türklinkenputzen bei Theaterdirektoren geeignet. Er gehörte nie zu einer Stammtischrunde, wo devot um Rollen gebettelt wird. Er hat frühzeitig das »man« durch das »i bin i« ersetzt. Allerdings wußte er nicht, wer er ist.

Der Lebensweg des Herwig Seeböck ist ein Aufbäumen gegen die Realität. 1980 dürfte er das bereits geahnt haben. In der Hörfunksendung »Club Ö 3« sagt er damals zu mir beim Interview: »Ich schrei wahrscheinlich nur aus Selbstschutz, weil ich vor dem Leben Angst hab.«

Die Angst vor Kompromissen hat er seit seiner Kindheit. Vater Seeböck, ein erfolgloser

Schriftsteller, lebt, was seinen Schreibstil betrifft, um hundert Jahre zu spät. Seine Familie ernährt er mit dem Honorar für kitschige Artikel in Jagdmagazinen. Als die Nazis in Österreich einmarschieren, hebt er begeistert die Hand. Als die Alliierten dem Regime ein Ende setzen, kann er sich auch damit identifizieren. Herwig wählt angeekelt den französischen Maler Paul Gauguin zu seinem Vorbild. »Der hat an Charakter g'habt und is a grade Linie gangan.«

Seine Schulzeiterinnerungen laufen unter dem Titel »Barfuß durch die Hölle«. Wahrscheinlich versucht er heute deshalb, seinen Kindern viele Freiheiten zu lassen. »Ich kämpfe mit aller Kraft gegen den Pygmalion-Komplex. Ich will kein Patriarch sein. Man soll Menschen nicht nach seinem Bild formen. Warum müssen Eislaufmuttis, die selbst herumgehatscht sind, aus ihren Töchtern Weltmeister machen? Ich wehr mich auch gegen die Berufsberatung, bei der jungen Menschen schon mit 14 Jahren gesagt wird, was sie werden sollen. In dem Alter kann man das nicht wissen. Da muß man erst verschiedene Sachen durchprobieren.«

Seine kleinbürgerlichen Eltern hatten, beseelt vom Sicherheitsdenken, für solche Experimente wenig Verständnis. Ihre Anordnung lautete: »Du lernst einen sicheren Beruf und wirst Textilingenieur!« Woraufhin Herwig nach Hamburg flüchtet und als Matrose auf einem Schiff anheuert. Ein paar Monate später wandelt er durch Paris, um dann »fasziniert von Plüsch und Verlogenheit« in Wien mit der Schauspielausbildung zu beginnen.

Er macht Karriere. Und als er erstmals oben ist, springt er wieder ab. Anfang der siebziger Jahre scheint ihm die Kündigung seines Burgtheatervertrages notwendig, um aus der »pragmatisierten Leere« auszubrechen. Am Volkstheater kommt es dann zum Tumult, nachdem im Zusammenhang mit seiner mißglückten Inszenierung von »Heinrich IV.« nicht nur die Spatzen seinen Ausspruch »I pfeif auf die Klassiker« von den Dächern pfeifen. Seeböck nimmt erneut den Hut und schreit seinen Zorn in alle Welt: »Ich bin gegen Perfektion. Die ruiniert alles. Wenn man nicht ausprobieren darf, dann macht's mir keinen Spaß.«

Künstlerisch traf auf ihn sicher schon damals viel von den Eigenschaften eines »homo universalis« der Renaissance zu. Seeböck hat an der Kunstakademie studiert und ist auf diesem Gebiet rege tätig. Er schreibt Theaterstücke und Monologe wie »Tscharlie der Kegel« oder »Die Häfenelegie«, in der er seine schmerzhaften Erlebnisse mit der Polizei und einen kurzzeitigen Gefängnisaufenthalt wegen Widerstandes gegen die Staatsgewalt erzählt. Er führt häufig Regie, spricht bei Hörspielen oder veranstaltet gemeinsam mit seiner Frau, der Schauspielerin Erika Mottl, literarische Abende. Zum Beispiel lesen die beiden gerne aus Werken von Karl Valentin.

Zumindest war das so bis zu seiner Krise in der Mitte des Lebens. Seeböck sprach plötzlich nur mehr von einem Forellenteich, vom Zurückziehen aufs Land. Es wurde still um ihn herum. Bis, ja bis er plötzlich wie der Phönix aus der Asche aufstieg und mit der Hauptrolle des McMurphy in »Einer flog über das Kuckucksnest« einen sensationellen Triumph feierte.

Zwischen Ausstieg und Einstieg war lediglich ein Jahr vergangen. Vermutlich das wesentlichste in seinem Leben.

»I war a Trottel«, sagt Seeböck heute über sich selbst. »Man wird mich nie wieder bei Publikums- oder Theaterdirektorenbeschimpfungen erleben. Ich hab' erkannt, daß es das Grundprinzip unserer Schuld- und Schamgesellschaft ist, die Schuld immer bei anderen zu suchen. Das Wort Schuld hab' ich jetzt überhaupt aus meinem Wortschatz gestrichen. Es gibt nur Ursache und Wirkung!«

Die Ursache für sein aggressives Verhalten, weiß er heute, lag nicht zuletzt in einem kindlichen Masochismus, »der es prinzipiell nicht zuläßt, daß einen einer nicht liebt«.

Seeböck fährt sich mit einer abrupten Bewegung durchs Haar. »Da ist zum Beispiel ein Publikum von vierhundert Leuten. Und der einzige, der gegen die Decke schaut, macht dich nervös. Das ist doch Wahnsinn.«

Er hat sich in diesem Jahr Pause viel mit sich selbst beschäftigt. Gespräche mit einem Psychoanalytiker geführt und zwei für ihn wesentliche Bücher gelesen. »Jenseits von begabt und unbegabt« von Heinrich Jacoby und das Werk des berühmten US-Schauspiellehrers Lee Strasberg. »Strasberg hat mir gezeigt, daß ich mich fast umgebracht habe, indem ich stur den Text gelernt und mir eingebildet hab', jede Situation darin zu finden«, erklärt Seeböck. »Das ist blanker Unsinn. Die Situation steht in mir selbst. Ich hab zuviel gelernt und zuwenig gefühlt. Strasberg kennt das alles. Er sagt: ›Look at the white points, not at the black.‹ Schau auf die weißen Punkte und nicht auf die schwarzen Buchstaben. Wenn man das beachtet, spürt man, daß ein Schauspieler kreativ und nicht nur ein Reproduzent ist. Weil er seine eigene Geschichte und seine Erinnerungen in den Beruf einbringt.«

Seeböcks Worte klingen stark. Seine Stimme ist geschult. Manchmal allerdings flackern seine Augen ein wenig unsicher. Man spürt, daß er sich noch selbst überzeugen muß. Daß er zwar das Gefühl hat, auf dem richtigen Weg zu sein, jedoch noch lange nicht am Ziel angekommen ist. Wobei sich die Frage aufdrängt, ob wir dann nicht schon tot sind, wenn wir am Ziel angelangt sind . . .

Seeböck zitiert Picasso: »Man braucht mindestens sechzig Jahre, bis man ein Kind wird!« Seeböck sagt: »Unlängst hab' ich in einer Zeitung die Aussage ›kindliche Gemüter‹ im Zusammenhang mit einer negativen Beurteilung gelesen. Und das ist gerade der Beginn allen Wahnsinns. Leute, die weiterforschen, sind ausschließlich kindliche Gemüter. Ein Kind forscht ja auch so lange, bis es den Löffel mit Brei zum

Mund führen kann. Und wir glauben, irgendwann müssen wir mit dem Entdecken aufhören. Das bringt einen dann dorthin, wo ich war: In die tiefe Depression!«

Trotzdem ist er für seine Vergangenheit dankbar.

»Ich hab' heute schon Freude am Falschmachen. Nur dort kann man lernen. Dem Edison sind ja auch dreihundert bis vierhundert Glühbirnen mißlungen, bis die erste über zwanzig Stunden hinaus brannte.«

Das Telephon unterbricht seinen Gedankenfluß. Seeböck stürzt fuchsteufelswild zum Apparat. Stößt ein »da kann i mi net konzentrieren« heraus. Stellt den Anrufbeantworter an. Läßt sich wieder auf den Sessel fallen. Ein grobschlächtiger Mann mit der Seele eines Kindes. Hinter der Macho-Schale ein verletzliches Ich. Zu dem er sich bekennt. Er trägt zwar noch immer den Motorradoverall und die massive Stoppuhr wie früher. Neu ist allerdings der Goldknopf im linken Ohrläppchen.

»Das ist vielleicht ein Zeichen dafür, daß ich meine weibliche Seite entdecke«, sagt Seeböck. »Ich verdränge nicht länger Zärtlichkeit, Weinen oder mein Körpergefühl.«

Wie seine Frau darauf reagiert, die seit zwei Jahrzehnten mit dem herrischen Mannsbild konfrontiert ist?

Seeböck kratzt sich den Bart.

»Naja, unser Verhältnis ist im Moment so wie zwischen Rußland und Finnland. Sie muß sich halt erst einleben. Viele meiner Experimente scheinen ihr halt heute irrer als früher mein aggressives Benehmen.«

Welche Experimente?

»Na, ich versuch' zum Beispiel, einmal mit einem Schnuller ins Bett zu gehen und damit Schlaflosigkeit zu bekämpfen . . .«

Er lacht verlegen.

»Es funktioniert übrigens. Aber da reagiert meine Frau natürlich befremdet. Aber wir reden über alles.«

Man ist versucht zu lächeln, wenn er die Geschichte mit dem Schnuller erzählt. Andererseits: Wie viele Neurotiker gibt es denn in unserer Gesellschaft, gerade im Theater oder in der Politik, die weit weniger harmlose »Experimente« pflegen und sich nach außen hin den Anstrich des sittsamen Bürgers geben? Das Parlament wäre wohl kaum beschlußfähig, die Theater nicht mehr spielbereit, wenn man einen allzu strengen Maßstab anlegen würde. So gesehen ist es Seeböck zu danken, daß er offen über seine Persönlichkeitsentwicklung zu sprechen bereit ist.

»Wenn sich die Menschen mehr mit sich selbst beschäftigen würden«, sagt er, »würden sie sich auch mehr mit anderen beschäftigen. Der einfachste Satz von Jesus lautet ja bekanntlich: ›Liebe deinen Nächsten wie dich selbst‹. Aber das, was wir gemeinhin Liebe nennen, ist Ausbeutung oder Masochismus. Wenn ich ein Pferdenarr wäre, würde ich's so vergleichen: Die wirkliche Liebe zu Pferden besteht darin, sie auf der Weide zu lassen und nicht auf ihnen zu reiten.«

Dementsprechend ist auch sein Verhältnis zu Schauspielern demokratischer geworden. War er früher für diktatorische Entscheidungen und für Wutausbrüche berüchtigt, so stellt er sich heute jeder Diskussion.

»Ich versuch, toleranter zu sein. Vielleicht, weil ich erkannt hab, wie viele Fähigkeiten in jedem von uns stecken. Ich hab' jetzt beispielsweise begonnen, mit der linken Hand zu malen. Die Bilder unterscheiden sich um nichts in der Qualität von jenen, die ich mit der rechten Hand gemalt habe. Man muß nur üben. Nur ist es eben die fatale Einstellung des Menschen, erst dann was zu tun, wenn was passiert. Einer, dem die Hände fehlen, wird halt versuchen, mit den Füßen zu malen.«

Seeböck blickt auf die Uhr. Er hat wieder einen dichtgedrängten Terminplan. Proben, Hörspiele, Schauspielschüler. Und vor allem viel lesen. Dafür muß Zeit sein. Keine Rede mehr vom Forellenteich. »Jetzt will ich Mensch werden.«

Ob er sicher ist, den richtigen Weg einzuschlagen?

»Das weiß ich nicht. Heute bin ich davon überzeugt, morgen reagiere ich vielleicht schon chaotisch. Im übrigen: Was ist schon richtig? Möglicherweise sind wir alle, die wir frei herumlaufen, die Narren, und die, die am Steinhof sitzen, die wirklich Normalen . . .«

Gerhard Bistricky

Ein Major wird Diakon

Sein Werdegang ist immer geradlinig gewesen. Ein Rebell war er nie. Im Gegensatz zu vielen anderen Burschen seiner Generation, die in der James-Dean-Ära »Denn wir wissen nicht, was wir tun« klagten, lebte Gerhard Bistricky von Kindheit an mit festgesetzten Werten.

Sein Credo: Disziplin, Gehorsam, Pflichtgefühl. Ein Musterschüler war er zwar nicht, aber auch keiner, der aufmuckte.

»Was der Professor gesagt hat, hab' ich immer akzeptiert.«

Genauso verhielt er sich bei den Anordnungen der Eltern, von denen er in einem gutbürgerlichen Wiener Haushalt konservativ-klerikal erzogen wurde. Der Vater war Amtsrat, die Mutter Hausfrau, Gerhard ein Einzelkind.

Während der Schulzeit wollte er Chirurg werden.

»Es hat mir imponiert, daß so ein Mann eine Respektperson ist, die Menschen von ihren Leiden kuriert, von der aber niemand genau weiß, wie sie es zustande bringt.«

Mit dem Eintritt in die Maturantenkompanie des Bundesheeres änderte sich sein Berufsziel.

Der Kompaniehauptmann wurde in Klagenfurt zu seinem Mentor und Vorbild.

»Ich hab' zu ihm aufgeschaut. Mir hat imponiert, wie er Verantwortung trägt. Außerdem hat er eine wunderhübsche Frau g'habt, zwei Mäderln und ein intaktes Familienleben.«

Bistricky entschloß sich zu einer Karriere beim Heer. Absolvierte die Militärakademie, kam 1968 mit seinen stolzen 1,90 Meter zur Garde und 1977 ins Armeekommando.

»Mich hat nie so sehr die Waffe interessiert, sondern der Umgang mit Menschen. Mir hat gefallen, daß ich zum Beispiel im Rahmen der Staatsbürgerschaftskunde Möglichkeiten habe, meine Leute positiv zu beeinflussen.«

Er war ein strenger Kommandant. Verlangte hundertprozentigen Einsatz. Ließ keinen Schlendrian einreißen. Schließlich hätte er selbst auch nie die Schule geschwänzt. »Das wär' eine Katastrophe gewesen, wenn das meine Eltern erfahren hätten.« Andererseits, attestieren ihm seine Soldaten, war er bei aller Härte gerecht. Und vor allem sensibel für Zeitstimmungen.

»Mir ist schon vor Jahren aufgefallen, daß viele Präsenzdiener über Sinnlosigkeitsgefühle klagen«, erinnert er sich. »Sie haben zwar Autos, Mädchen und denken ans Geldverdienen, sind aber nicht glücklich.«

Bistricky begann zu überlegen. Warum, fragte er sich, sieht man eigentlich Klosterschwestern mit einem freundlichen und friedfertigen Gesichtsausdruck auf der Straße spazierengehen?

Und warum rennen eigentlich so viele wohlhabende Menschen hektisch mit verbissenen Mienen herum? Nach mehreren Gesprächen mit seinem Freund, dem Pfarrer von Lainz, kam er zu der Erkenntnis: Weil sie Karriere und Macht nachlaufen und auf die christlichen Werte vergessen.

Im Herbst 1980 beschloß Major Bistricky, Diakon zu werden und begann mit dem Studium der Theologie.

»Als Diakon bin ich praktisch der Gehilfe des Priesters und kann wie er Menschen meine Erfahrung vermitteln. Dafür muß ich aber nicht auf meine Tätigkeit beim Bundesheer und auf eine Familie verzichten.«

Die Familie – seine Frau Marlies und die Töchter Annette (17) und Michaela (9) – ist ein wesentlicher Bestandteil seines Lebens. »Ein Pfarrer tut sich bei Eheberatung etwas schwer, weil man ihm entgegnen könnte: Sie kennen das doch nicht! Ich kann aber erzählen, warum meine Ehe glücklich ist. Weil wir religiös sind, über alles sprechen und gegenseitig Rücksicht nehmen.«

Seine Frau Marlies nickt.

»Man muß nachgeben können. Und sich miteinander beschäftigen. Wir haben den letzten Sonntag nur mit DKT-Spielen verbracht und dabei alle vor Begeisterung rote Wangen gehabt. Auch fürs Spielen soll eben Zeit sein.«

»Alles nur eine Einteilungssache«, meint Gerhard Bistricky. »Ich hab' für mein Studium regelmäßig, aber nie zu lang gelernt. Wir sind trotzdem Schwimmen, Eislaufen oder Tennis spielen gegangen.«

»Oder zum Heurigen«, ergänzt Marlies. »Dort tranken wir ein Viertel und unterhielten uns über alles, was uns beschäftigt, worüber wir aber unter der Woche nicht dazu kamen, weil wir mit den Kindern beschäftigt waren.«

Das Familienleben der Bistrickys wirkt harmonisch. »Ich bin mit der Kindererziehung und dem Haushalt ausgelastet«, gesteht Frau Bistricky. »Schließlich muß ich ja als Mutti schlichtend zwischen den Kindern und dem Papa dasein.«

»Ein bisserl laut schimpft er schon«, sagt die kleine Michaela. Und Annette meint zögernd: »Ich darf leider nicht länger als bis elf Uhr am Abend weggehen. Und pünktlich muß ich auch immer sein.«

»Ordnung muß sein«, sagt Gerhard Bistricky. »Ich glaube fest daran, daß man so im Leben besser fährt. Und damit Kinder das lernen, ist eine Respektsperson nötig.«

Bei anderen Menschen würden derartige Dogmen arrogant wirken. Ihm nimmt man sie ab. Bistricky erweckt trotz oder eben wegen seiner autoritären Haltung Sympathie. Es ermuntert, wenn er erklärt, daß er an konservative Werte in einer haltlosen Zeit glaubt. An Heimat, Heim und Familie. Dabei aber nicht wie viele andere die Hände gefaltet in den Schoß legt, sondern handelt.

»Man fragt mich immer wieder, wie sich

meine Stellung beim Bundesheer mit christlicher Friedfertigkeit vereinen läßt«, sagt Major Bistricky. »Ich sehe darin überhaupt keinen Widerspruch. Die Kirche lehnt den Krieg als letztes Selbstverteidigungsmittel nicht ab. Natürlich heißt es: Du sollst nicht töten! Aber wenn ich daheim im Bett liege, und ein Einbrecher will meine Kinder entführen, werde ich das verhindern und ihn schlimmstenfalls umbringen.«

Er ist natürlich für die Friedensbewegung. Es belastet ihn, daß Milliarden für Rüstung ausgegeben werden, während Millionen Kinder verhungern. Andererseits hält er das »Gleichgewicht des Schreckens« für notwendig.

»Solange der Osten nicht abrüstet, bleibt uns nichts anderes übrig, als ebenfalls Waffen zum Schutz zu produzieren.«

Er kennt die schreckliche Wirkung der Neutronenbombe. Hat Angst davor, will sich aber nicht darauf ausreden. So wie manche linke Friedensmarschierer, die Menschlichkeit auf ihre Transparente geschrieben haben und sich zu Hause nicht einmal um eine einsame, alte Nachbarin kümmern.

»Der heilige Ignatius, der Gründer des Jesuitenordens, war auch Offizier«, sagt Major Bistricky. »Ich will wie er noch mehr wissen, um es für andere zu wissen. Und um am Schluß einmal sagen zu können: Ich hab' was geleistet!«

Marianne Rauch

Das Abenteuer Unternehmerin zu sein

Von Arbeitszeitverkürzung hält sie nichts.

»I hab' mei Leben lang mehr gearbeitet, als der Dallinger verlangt.« Ihr Gasthaus, der »Goldene Stern« im niederösterreichischen Gars am Kamp, ist sechs Tage pro Woche von 9 Uhr früh bis 1 Uhr nachts ohne Pause geöffnet. Arbeitszeit: 84 Stunden pro Woche. Wenn man in Betracht zieht, daß die Vorbereitungsarbeiten schon um 7 Uhr früh beginnen, kommt man auf 96 Stunden.

Für Marianne Rauch ist das eine Selbstverständlichkeit. Sie arbeitet gern. Ihre Eltern sind Landwirte in der Nähe von Wolfpassing. Gemeinsam mit ihren drei Geschwistern hat Marianne schon als Kind vom Vater gehört: »Mir ham uns oallas selber aufgebaut. Ihr müaßts a amoal auf eigene Füaß stehn. Ma derf sich net auf andere verlassen.«

Marianne wurde zahnärztliche Assistentin. Und servierte am Wochenende in einer Discothek. »Des hat ma anfoch mehr Spaß gmacht, als nur an der Bar zu sitzen und was zu trinken.« Bei dieser Gelegenheit hat sie ihren Mann, einen Kellner, kennengelernt.

»Wir haben schon nach vier Monaten geheiratet«, sagt Marianne. »Alles ist sehr schnell gangen. Zu schnell . . .«

Im August 1979 pachteten sie das Hotel Post in Horn. Nach zehn Monaten mußten sie aufgeben. Die Pacht war zu hoch, die Fixbelastung mit neun Angestellten nicht mehr tragbar, die Gästefrequenz nur gering. Im Mai 1980 eröffneten sie ein Lokal in Gars am Kamp: Rauchs Kuchl. Im Juni 1980 kam ihre Tochter Ursula auf die Welt. Ein Jahr später ließ sich Marianne von ihrem Mann scheiden.

»Ich hab in unserer Ehe nie Verantwortung tragen dürfen«, erinnert sie sich. »Mein Mann ist sogar selber in der Küche gstanden. Immer, wenn i was machen wollt, hat er gstrampft.«

Für manche andere Frau wär der Herr Rauch vermutlich ein Traummann gewesen. Für Marianne wurde er zum Hindernis ihrer Entfaltung. Die hübsche junge Frau, die auf den ersten Blick wie ein Waserl wirkt, entpuppte sich als Energiewunder. Sie fuhr nach Wien, absolvierte die Konzessionsprüfung für das Gastgewerbe in Bestzeit, organisierte Unternehmerkredite vom Land Niederösterreich.

»Damit is mein Selbstbewußtsein gwachsen. Ich kann nur allen Frauen nach einer Scheidung raten: Sperrts euch net daham im Zimmer ein. Da wird nur alles schlechter. Am besten is es, was Nützliches zu tun. Das hilft einem, den Tiefpunkt zu überwinden.«

Dann kam Walter, der mittlerweile zu ihrem

Lebensgefährten avancierte. Walter Höfler besitzt das Gebäude, in dem der »Goldene Stern« beheimatet ist. Als sie sich kennenlernten, war's nur eine brachliegende Bruchbude. Gemeinsam begannen sie mit dem Umbau. Marianne übernahm Mal- und Anstreicharbeiten, beizte Tische und Türen. Walter, der gelernte Maurer, versetzte Wände, verlegte Fliesen und Fußböden.

»Des war wia a Burg, als ma daherkumman sind«, sagt Marianne. »Da san ma scho oft die Tränen in den Augen gstanden. Manchmal waaß ma gar net, wo ma zerscht weitertuan soll. Aber dann siecht ma a wieda, daß was weitageht, und dann is die Freid wieda da.«

Marianne sieht ihren Walter bei diesen Worten liebevoll an.

»Außerdem is des eine Liebe zwischen uns wurn.«

Walter nickt.

»Die Marianne is a Partnerin, wie i mas immer vorgstellt hab.«

Auch er hat sich von seiner ersten Frau getrennt. Und glaubt jetzt, den richtigen Weg gefunden zu haben.

»I hab früher bei an Baumeister gearbeitet. Aber jetzt als Wirt fühl i mi besser.«

Er schmunzelt.

»Aber die Marianne is die Chefin . . .«

Marianne lacht.

»Des is doch nur eine reine Formsache, weil der Kredit auf mich lauft – die Leut sagen eh Chef zu dir. Chef, gib ma an Gspritzten.«

Am 12. November 1982 haben sie das Lokal aufgesperrt. Die Atmosphäre ist nett und freundlich. Holzgetäfelte Wände vermitteln Behaglichkeit. Auf den Tischen liegen Tischtücher. An der Wand hängen Fußballwimpel. In der Ecke stehen Pokale. Der ortsansässige Fußballverein hat hier inzwischen den Stammtisch. Das Stimmungsbarometer der Wirtsleute zeigt auf schön. Der Gedanke an die Wirtschaftsflaute belastet sie nicht. »Wenn's kriselt, dann kriselt's überall. Aber in schlechten Zeiten san die Leut no immer ins Gasthaus gangan.«

Sie nimmt ihren Walter bei der Hand.

»Und wenn's ganz tragisch wird, san wir zwa. Wir rutschen scho irgendwie durch.«

Daß sie mit ihrem Gasthaus kaum reich werden kann, hat sie von Anfang an gewußt. Touristen kommen vor allem im Sommer nach Gars. Im Winter leben sie von den einheimischen Gästen. Da kann es passieren, daß pro Tag nur drei Menü verkauft werden. Ein Menü mit Grießnockerlsuppe sowie Schweinsbraten mit Knödel und Salat kostet 40 Schilling.

»Da muaß ma halt einebeißn«, sagt Marianne Rauch. »Dafür hab' ich mir meinen Traum erfüllt, Unternehmerin zu sein. I lern dauernd was dazua.«

Sie setzt sich gern zu den Gästen. Plaudert mit ihnen. Hört sich deren Probleme an. Und geht auch mal mit einem Stammgast ein Weihnachtsgeschenk für dessen Frau besorgen, weil ihm allein nichts eingefallen ist.

»Er freut sich, und mir macht's an Spaß.«

Demnächst will sie ihre Tochter wieder ganz zu sich nehmen. Sie hat ein schlechtes Gewissen, weil die Ursula während der Aufbauarbeit fast die ganze Woche hindurch auf dem Bauernhof der Großeltern untergebracht war. »Wir haben halt wirklich Tag und Nacht gearbeitet. Da hätte sie nicht viel von uns gehabt.«

Marianne Rauch hat Schulden in der Höhe von etwas mehr als einer halben Million Schilling. Sie ist überzeugt, den Kredit im Laufe der nächsten zehn Jahre zurückzahlen zu können. Denkt sogar schon ans Ausbauen.

»Ich möcht ein Kellerstüberl mit einem offenen Kamin«, sagt sie selbstbewußt. »Außerdem werden wir für den Sommer die Pawlatschen im Garten wieder herrichten. Da hat vor Jahrzehnten schon der Paul Löwinger gespielt.«

Noch mehr Arbeit, nachdem doch erst gerade das Ärgste überstanden ist?

»Also, i mach des gern«, sagt Marianne Rauch. »Wenn i nix ztuan hätt, wär i richtig traurig.«

»Kellerkinder« vor der Kaiservilla

Gibt's denn so was in Bad Ischl?

Normalerweise gilt es in Bad Ischl bereits als progressiv, wenn man in der Kult-Konditorei »Zauner« statt der Melange einen G'spritzten bestellt. Die Stadt lebt eben von der Vergangenheit. Vom Kaiser Franz Josef und seiner Sommerresidenz, der Operettenromantik, der angegrauten Aura der zerbrechlichen Hofratswitwen. Klischees fördern den Konsum. Und so wundert es niemand, daß die Bürger von Ischl ebenso bereitwillig ihre Rollen spielen wie Mickymaus, Donald Duck und Co. im Disneyland. Anderseits erstaunt es nicht, daß sich viele junge Leute nicht mit Donalds Neffen Tick, Trick und Track identifizieren wollen.

Womit wir bereits bei der Jugendszene angelangt sind. Was einige ältere Herrschaften im Ort noch immer ungläubig den Kopf schütteln läßt: »Gibt's denn so was in Bad Ischl?«

Es gibt's.

»Die Politiker würden sich vor Schreck auf den Hintern setzen, wenn die wüßten, wie viele Schüler kiffen«, sagt der 17jährige Franz. Ischl ist auch eine Schulstadt. Mehr als 3500 Burschen und Mädchen werden unterrichtet. Die Mehrzahl fährt am Wochenende nach Hause. Die anderen standen bis 1981 vor der Entscheidung Wirtshaus oder Disco? Saufen oder Hasch? Lethargie oder Strebern?

Dem Lehrerehepaar Waltraud und Roland Holzwarth erschien das zuwenig. Gemeinsam mit fünfzehn Schülern, Lehrlingen und Studenten gründeten sie den Verein »Der Keller«. Motto: Freisitz für Kultur, Jugend und Kommunikation. Ziel: Veranstaltungen und Diskussionsrunden aller Art – offen sein für alles. Grundsatz in den Vereinsstatuten: Alkohol- und Rauschgiftverbot. Aufgabenverteilung: Demokratisch. Einfluß: Wer mehr tut, hat mehr zu reden.

Jänner 1983. Die Utopie ist Realität geworden. Der Verein hat sich in einem G'wölb aus dem 17. Jahrhundert etabliert. Früher war drin ein Pferdestall, später der Gemeindekotter, dann das Lager einer Schuhfabrik. Der Besitzer, ein Mittelschulprofessor, hat es um die symbolische Monatsmiete von einem Schilling an die jungen Leute vermietet.

»Mir ham afoch zu arbeiten begonnen, und so is es dahingegangen«, sagt Roland.

Sie stemmten die meterdicken Steinwände auf. Verlegten elektrische Leitungen und einen Bretterfußboden. Dichteten die Fenster ab. Zuerst mit Styropor, weil kein Geld für Glas vorhanden war. Alte Holztische und Bänke wurden reingestellt. Andreas, ein sechzehnjähriger Rauchfangkehrerlehrling, konstruierte eine Schank aus Holz. Peter trieb ein altes Klavier auf.

»Zerscht warn alle Leut mißtrauisch und ham gfragt: Welche Politiker stehen da dahinter«, erinnert sich Waltraud. »Die ham sich einfach nicht vorstellen können, daß wir das aus Begeisterung machen.«

Mittlerweile hat sich das Mißtrauen gelegt. Die Gemeinde finanzierte den Fußboden, die ortsansässige Sparkasse betätigt sich als Sponsor, das Land Oberösterreich genehmigte eine 100.000-Schilling-Subvention. Die Initiative der Kellermitglieder hat sich bezahlt gemacht.

»Ich glaub', daß heutzutage deshalb viele Leute so unzufrieden sind, weil sie sich zu sehr von oben verwaltet fühlen«, sagt Roland. »Wir wollen da Akzente setzen, indem wir zeigen, daß es nichts bringt, wenn man passiv bleibt. Und daß man die Welt erst dann bessern kann, wenn jeder sein eigenes Bewußtsein ändert.« Die erste Veranstaltung im Keller war ein Friedensfest. Dann gab's Dichterlesungen, Vernissagen, Folk-Konzerte. Folke Tegetthoff erzählte Märchen. Vorträge über Umbrien und Indien wurden gehalten. Ein Bild an der Wand fordert: Sehen – denken – erkennen – sprechen.

»Wir wollen hier möglichst vielen Menschen die Möglichkeit geben, miteinander zu reden«, sagt Kurtl. »Alterslimit gibt's dabei keines.« Deshalb haben sie eine Gesprächsrunde mit dem Titel »Der alte Mensch in der Gesellschaft« veranstaltet. Opa und Oma kamen. Und waren begeistert, weil man sie einmal nicht in ein Altersgetto drängte.

»Für uns war's sehr klaß«, sagt Waltraud, »weil wir gesehen haben, wie sich die freuen.«

Waltraud kocht Tee. Den Herd haben sie mit einem Osterbazar finanziert. Eier bemalt, Kochlöffel gefärbt, Tücher gebatikt. Bei Veranstaltungen gibt's was zu essen. Selbstgemachte Aufstriche, Kuchen, Torten. Auf einer schwarzen Tafel stehen die Preise. Nußkuchen um sieben Schilling, Kaffee um sechs. Frankfurter mit Brot kosten zwölf Schilling. Drunter steht geschrieben: Drei Kurtis zum Preis von keinem! Dadaismus hat ebenfalls im Keller Platz.

»Hier bin i a anderer Mensch«, sagt Andreas, der Rauchfangkehrerlehrling. Er trägt geflickte Jeans, ein ausgeflipptes Sakko, einen grauen Borsalino, ein lila Seidentuch. »Wenn i so in die Arbeit kumman würd, tät der Chef durchdrahn. Aber hier kann i sein, wia i bin.«

Wenn einer von ihnen eine Idee hat, schreibt er's ins Vereinsbuch. Oder an die Wand. Auf einem weißen Plakat, das an der Tür hängt, kann man lesen: »Ich möchte gern mit einigen Leuten Theater spielen. Wer hat Lust dazu?« Sieben Interessenten haben bereits unterschrieben.

»Wir wollen uns nicht auf eine bestimmte Linie festlegen lassen«, sagt Klaus. »Klassische Musik soll bei uns ebenso gespielt werden wie Kabarett.« Er selbst hält gern Vorträge über die Faszination der Natur. »Ich will mit Dias zeigen, wie wichtig es ist, daß man die Schönheit der Natur erkennt und sie nicht zerstört.«

Über mangelnde Einfälle können sie sich nicht

beklagen. Außerdem werden immer wieder Zuhörer zu Aktivisten. Wie zum Beispiel eine Pensionistin aus Bad Ischl, die sich darum bewarb, chinesische Poesie vortragen zu dürfen.

»Sie war schon oft bei uns auf Besuch«, erzählt Waltraud über die engagierte alte Dame. »Jetzt macht sie halt selbst was. Warum auch nicht?«

Sepp Kratochwill

Bürger, laßt uns Bäume adoptieren!

Damals gab's die Gstätten. Das halbverfallene Haus mit dem verwilderten Garten. Den Apfelbaum, den wir begeistert plünderten. Um dann jammernd zur Mutti nach Hause zu laufen, weil wir Bauchweh bekamen. Die Äpfel waren noch grün gewesen.

Damals spielten wir noch im Gestrüpp Räuber und Gendarm. Wir machten Lagerfeuer und rauchten unsere erste Zigarette, und es wurde uns schlecht, und es ist wohl dem lieben Gott zu danken, daß uns bei diesen Dummheiten nie mehr passiert ist als ein paar aufgeschlagene Knie.

Damals sind wir mit Blindschleichen, Fröschen und Heuschrecken aufgewachsen. Wir sammelten Schmetterlinge und beneideten den Karli: Er hatte immer die buntesten. Aber es gab schließlich genug davon, und außerdem bestand unser junges Leben aus Wettbewerb und Abenteuer.

»Was sind dagegen schon diese Abenteuerspielplätze«, sagt der Wiener Landschaftsarchitekt Sepp Kratochwill. »Die Romantik ist weg, wenn du inmitten von Betonfassaden spielst.« Er hat die Zeit der verwilderten Obstgärten auch noch miterlebt. Stammt vom Alsergrund in Wien. Kommt aus einfachen Verhältnissen. Der Vater war Musiker, die Mutter Hausfrau. Sie hat zusätzlich als Putzfrau gearbeitet, wenn Geld gebraucht wurde.

»Wir waren nicht reich, aber arm waren wir auch nicht«, erinnert sich Kratochwill. Immerhin reichte es für eine gute Ausbildung. Naturgeschichte war schon in der Schule sein Lieblingsfach.

»Mit acht Jahren hab i die Namen von allen Käfern und Blumen gwußt.« Die Natur erfüllte seine Sehnsucht nach Freiheit. Er ging mit vierzehn zu einem Gärtner in die Lehre und wurde anschließend nach einem Studium Landschaftsarchitekt. Entwarf den Spielplatz »Treffpunkt Regenbogen« für Behinderte in München, Pläne für ein Rehabilitationszentrum in Niederösterreich sowie unzählige Gartenanlagen für private Hausbesitzer. Seine Grundeinstellung: »Die Arbeit ist dann am besten, wenn man die menschliche Hand nicht merkt.«

Die menschliche Hand, meint Kratochwill, hat schon zuviel zerstört. Ein Warnsignal dafür ist das Baumsterben. Deshalb hat er eine Idee geboren, wie jeder einzelne von uns etwas zur Erhaltung beitragen kann, ohne den Staat finanziell zu belasten: Jeder Bürger adoptiert einen Baum!

»Die Bäume bekommen viel zuwenig Wasser. Sie sterben nicht nur auf Grund der Luftverschmutzung. Früher gab's noch das Ziegelstein-Pflaster. Da konnte das Regenwasser einsickern. Der Baum hatte mehr Feuchtigkeit. Jetzt sind die meisten Gehsteige asphaltiert, und das Wasser rinnt in die Kanäle.«

Kratochwill nimmt ein Blatt Papier und zeichnet einen Kreis. »Ich könnte mir vorstellen, daß wir Pickerln machen. Der Text könnte lauten: ›Der Novak-Gustl übernimmt die Patenschaft für diesen Baum.‹ Damit weiß jeder: Aha, um den brauch ich mich nicht mehr zu kümmern.«

Der Aufwand für die Pflege wäre laut Kratochwill nicht einmal besonders groß. Pro Tag rund zwanzig Liter Wasser. Wenn man bedenkt, daß sich die Maier Hermine durch die tägliche Schlepperei mit der Gießkanne teure Abmagerungskuren erspart und der Robitschek Hans womöglich beim Gießen die Reznicek Gitte näher kennenlernt, könnten sowohl ökologische als auch biologische Bedürfnisse befriedigt werden. Und die Bäume würden länger leben.

»Das Stadtbild lebt schließlich von den Alleen«, sagt Sepp Kratochwill. »Man braucht nur an die alten Wienerlieder denken. Glauben Sie, daß fremdenverkehrswichtige Texte wie ›Im Prater blühen wieder die Bäume‹ oder ›Wien, Wien, nur du allein‹ inmitten von Beton entstanden wären? Es kommt aber noch ein anderer Aspekt dazu: Bäume klimatisieren die Stadt. Hauptstraßen wären ohne Alleebäume im Sommer viel heißer.«

Kratochwill ist ein begeisterter Naturschützer. Aber kein »Grüner«. Parteipolitik interessiert ihn nicht. Er sieht sich als Weltverbesserer. Sitzt gern am Stammtisch. Diskutiert dort über die Kluft zwischen Mensch und Staat. Glaubt daran, daß wir was tun können, um eine Stadt so attraktiv zu gestalten, daß nicht immer mehr Menschen angewidert am Wochenende aufs Land flüchten. Deshalb hat er das Buch »Integration von Pflanzen im Wohnbau« geschrieben. Darin geht es nicht nur um Klimaeinflüsse und Bewässerung, sondern auch um die psychologische Wirkung. In München hat man diesbezüglich in einer extrem verkehrsstarken Zone, wo die Menschen in der Nacht über Schlaflosigkeit klagten, ein Experiment gestartet. Die Balkone der Anrainer – von Architekten »sinnvollerweise« auf der Straßenseite eingeplant – wurden mit Bäumen und Pflanzen begrünt.

»Die Lärmdämmung war dadurch minimal«, sagt Kratochwill, »aber die Menschen meinten schon nach kurzer Zeit, daß sie nun viel besser als früher schlafen.«

Er träumt davon, daß man dieses Experiment auch am Gürtel in Wien wiederholt. Er will auch die Fassaden begrünen, weil der Anblick beim Nachhausekommen schlicht und einfach die Lebensqualität erhöht. »Es stimmt nämlich nicht, daß dadurch mehr Ungeziefer in die Wohnung kommt. Aber dafür ist die Wohnung im Sommer viel kühler.«

Manchmal, gibt Kratochwill zu, ist er deprimiert. Wenn er zum Beispiel einem Kunden mühsam einen Apfelbaum unterjubeln muß, weil er nur Zierbäume in seinem Garten möchte und alles andere für »unfein« hält. Wenn er beim Fischen merkt, wie sehr unsere Flüsse verseucht sind. Dann denkt er über das seltsame Wesen Mensch nach. Darüber, daß der Mensch ein Vermögen für Bäume zahlen würde, wenn es keine mehr gäbe. Daß er Gold für Luft geben würde, wenn sie knapp wäre. Und darüber, daß es dann wahrscheinlich schon zu spät ist.

»Wir haben immer nur genommen«, sagt Sepp Kratochwill. »Jetzt müssen wir lernen, etwas zu geben.«

Chris Lohner

Die Gesichter einer Frau

Sie gehört ins Wohnzimmer der Österreicher wie die Blumenvase und das Bild vom letzten Familienausflug.

Sie toleriert, wenn wir müde von einem harten Arbeitstag in den Sessel fallen und die Beine ausstrecken.

Sie hat nichts dagegen, wenn wir an ihren Lippen hängen, dabei gedankenverloren das Schnitzel schneiden und am G'spritzten nippen. Sie ist »die Lohner«. Die Frau, die vom Fernsehschirm lächelt und das Abendprogramm ansagt. Immer gut aufgelegt, weiblich, aber nicht puppenhaft, charmant und manchmal ein bisserl kokett. Eine Fernsehfee, die bei Männern vertrautes Kribbeln erzeugt und bei Frauen kameradschaftliche Sympathie. Man registriert, wenn sie ein neues Kleid hat, eine neue Frisur oder ein anderes Makeup. Man hört ihr zu und denkt: »Mit der möcht' ich jetzt gern im Bett liegen.« Oder: »Gut liest sie das runter.«

Nun gehört es zum Schicksal der Fernsehsprecherinnen, daß man ihnen in Unkenntnis ihrer Talente lediglich den Rang einer hübschen Larve einräumt.

Bei der Lohner sei dieses Vorurteil nun ausgeräumt.

Vieles ist eh schon bekannt. Daß sie seit Jahren Sendungen für »Ö 3« moderiert oder kabarettistische Einlagen in der Sendung »Magie international« von Peter Lodynski. Dort ist sie als Ophelia mit Glatze aufgetreten und als personifizierte Häßlichkeit mit Zahnlücken. Sie parodiert sich gern selbst – was Krimifans beim »Kottan« regelmäßig schmunzeln läßt.

Weit weniger bekannt sind ihre anderen Talente.

Sie malt Aquarelle, hat Kinderbücher geschrieben, eine Langspielplatte gemacht und Kinderlieder mit eigenen Texten aufgenommen. Und sie hat vor kurzem ihren vierzigsten Geburtstag gefeiert. Grund genug, ihren Lebensweg nachzuzeichnen. Die Entwicklung einer Frau, die keine Angst vor Falten hat. Die gerade wieder an einen neuen Aufgabenbereich denkt: In der Kulturredaktion des ORF. Und vermutlich auch diesen Lebensabschnitt so konsequent realisieren wird wie alles, was sie bisher begonnen hat. Daß sie sich dabei immer nur auf sich selbst verlassen hat, mag mit ihrer Jugend zusammenhängen.

Sie ist ein Kriegskind. 1943 in Wien geboren. Ihr Vater, Franz Keprda, hat sich nach 45 als Volkshochschuldirektor maßgeblich für den Wiederaufbau der Kultur eingesetzt.

»Man hat ihm dafür das Silberne Ehrenzeichen für Verdienste um die Republik verliehen«, sagt Chris und bittet, diese Auszeichnung zu erwähnen. Sie liebt ihre Eltern. Bewundert, daß sie nach Jahrzehnten noch immer eine gute Ehe führen. Und ist dankbar für die Geborgenheit, die sie gemeinsam mit ihrer kleinen Schwester im Elternhaus gespürt hat. Bis zu ihrem 7. Geburtstag haben sie in einer Zimmer/Küche-Wohnung gelebt. Das Badezimmer bestand aus einem Lavoir. Die Keprdas waren wie viele andere ausgebombt worden und mußten wieder ganz von vorne beginnen.

»Aber die Eltern haben trotzdem immer für uns Zeit gehabt. Sie haben ›Mensch ärgere dich nicht‹ mit uns gespielt, sind in Museen mit uns gegangen oder Wandern in den Wienerwald. Wahrscheinlich war ich deshalb ein zufriedenes Kind.«

Mit fünf Jahren bekam sie Masern und in der weiteren Folge eine eitrige Hornhautentzündung.

»Ein halbes Jahr war ich praktisch blind.«

Als sie wieder sehen konnte, waren alle anderern Ärgernisse völlig unwichtig geworden. Sie akzeptierte ohne Groll, daß fast täglich bei ihnen entwanzt wurde. Und jammerte nicht, weil sie immer nur Kleider bekam, die von einer Tante oder Cousine stammten und kleiner gemacht werden mußten.

»Das erste nagelneue G'wand hab' ich mit sechzehn bekommen.«

Sie freute sich »wie irrsinnig«, wenn es einen Wasserkakao und eine Margarinesemmel gab.

Und schwärmt heute noch von einer Gerstensuppe, die von der »Schwedenhilfe« auf der Straße ausgeschenkt wurde. Die Jugend hat ihr Denken geprägt.

»Mir graupelt sich noch immer das Herz zusammen, wenn ich ein Brot wegschmeißen muß, weil's schimmlig geworden ist.«

Die Eltern gaben ihr zu verstehen, daß der Besuch eines Gymnasiums durchaus keine Selbstverständlichkeit war. Daß Schulbücher Geld kosten und man die Verpflichtung hat, dafür etwas zu leisten. Sie war eine gute Schülerin. Bekam nach der Matura ein Stipendium für Amerika. Mit der Auflage, die Matura an der High School in Michigan noch einmal zu machen.

»Im Ausland bekommst du Selbstdisziplin. Dort kannst du nicht den verwöhnten, ungezogenen Fratzen spielen«, sagt sie heute.

Nach der Rückkehr in die Heimat ging damals alles ruckzuck. Sie beschloß, Schauspielerin zu werden, gab Englischnachhilfe, um den Schauspielunterricht zu finanzieren, und studierte nebenbei Englisch und Spanisch für die Dolmetsch-Prüfung.

»Wie ich das geschafft habe, weiß ich nicht.«

Es hat nicht lange gedauert. 1961 entdeckte sie der Starphotograph Toman. Hochdotierte Verträge winkten. Ein Schauspielangebot ließ warten. Chris wurde eines der gefragtesten Photomodelle der sechziger Jahre.

»Ich hab' plötzlich unglaublich viel Geld verdient«, erklärt sie mit einer Spur von Bedauern, warum sie die Schauspielerei an den Nagel gehängt hat. »Das ist traumhaft, wenn du nie etwas gehabt hast.«

Von den ersten selbst verdienten zehntausend Schilling ließ sie ihren Eltern in deren Abwesenheit die Parkettböden versiegeln. Mit der Begeisterung eines Christkindels, die man ihr auch jetzt noch ansieht, wenn sie zu Weihnachten Lebkuchenengerln macht und selbsteingekochte Marmeladen in Gläser mit Sternderln füllt, um sie dann Freunden zu verschenken.

»Mir hat's immer eine Freud' gemacht, Freud' zu machen. Ich bin halt keine Ruachelmaus, die immer nur spart.«

Zu einem Dachappartement in Wien hat das Ersparte immerhin gereicht. Es ist klein, aber mit sehr viel Geschmack eingerichtet. Mit Jugendstilmöbeln, alten Gläsern und Vasen, einem behaglichen Kachelofen. Zigarettendosen, Keramikfiguren und ein Kerzenschneider verraten Liebe für Details. Ein gehäkeltes Tischdeckerl vermittelt das Gefühl einer Biedermeier-Idylle. Sie hat viele Bücher. An der Wand Radierungen von Lehmden, Helnwein und Proksch. Über dem Bett eine Landschaft von Lohner. Vom Bett aus sieht man den Himmel. Von der Sitzgruppe aus einen mit Schilf und Holzbrettern ausgestatteten Balkon: Ein Schmuckkästchen aus Blumen und Bäumen. Die Wohnung bedeutet ihr viel. Sie war ihr Refugium nach der Scheidung. 1970 hatte Chris nach langjähriger Liaison den Autohändler Alfi Lohner geheiratet. Drei Monate später reichte sie die Scheidung ein. Lohner, ein Unterhaltungskünstler der »Papa wird's schon richten«-Generation war der häuslichen Chris doch zu flatterhaft.

»Bei der Hochzeit hab' ich mir gedacht: Das werd' ich schon hinkriegen. Einen Schmarrn! Man soll gar nicht versuchen, einen Partner einzuschränken oder ihn zu ändern. Entweder du magst ihn so wie er ist, oder du trennst dich von ihm.«

Sie hat konsequent gehandelt. Wie im Berufsleben. 1963 war sie aufs Geratewohl nach Zürich gefahren. »In Österreich war ich schon ›Schurwollmädchen des Jahres‹. Jetzt hab' ich ein neues Abenteuer gesucht.«

Sie reüssierte auch in der Schweiz.

1968 schien ihr Paris die geeignete Stadt für einen weiteren Lebensabschnitt.

1971, knapp nach der Scheidung, beschloß sie: »Mit dreißig bin ich nicht mehr Photomodell. Alles hat seine Zeit.«

Sie studierte Innenarchitektur, beteiligte sich an einem Nachwuchswettbewerb für Fernsehsprecherinnen. Wurde engagiert. Aus dem Nebenjob entstand die neue Existenz. Seit kurzem ist Chris beim ORF angestellt. Und nimmt schon wieder »wie immer, wenn ich wo erfolgreich bin«, den Soll-und-Haben-Zettel zur Hand.

Ihre Entscheidungen, resümiert sie, waren richtig. Es ist gut, wenn du immer was Neues probierst. Nur soll man dabei einige Zeit vorausplanen. Es ist schlecht, unter Zugzwang zu handeln. Unter finanziellem Druck. Deshalb hat sie nie besonders aufwendig gelebt. Schicke Kleider, natürlich, ein angenehmer Urlaub, klar, aber nicht dieses gegenseitige Sich-hoch-Schaukeln der Lust-Frust-Society.

»Ich versuch', den Ruhm nicht todernst zu sehen«, sagt Chris Lohner. »Ich weiß, daß ich nicht der Nabel der Welt bin. Ich bin im Grunde eine altmodische Person. Für mich ist wichtig, was meine Eltern von mir halten. Und meine Freunde.«

Zweigleisig ist sie nie gefahren. Sie hat Liebhaber gehabt nach ihrer Scheidung. Aber einen nach dem andern. Ist seit vier Jahren mit einem Mann liiert. Heiraten will sie nicht. »Ich stell' sehr hohe Anforderungen an eine Ehe. Wahrscheinlich, weil ich meine Eltern als Vorbild habe.«

Im Grunde, spürt sie, ist jeder Mensch allein. Man soll daran aber nicht verzweifeln, sondern diese Tatsache positiv sehen.

»Das ist auch ein Teil meines Naturells. Ich nehm' von Menschen am Anfang immer das Beste an, zieh' mich dann allerdings schnell zurück, wenn die Erwartungen nicht erfüllt werden.«

Eine Einstellung, die verhindert hat, daß sie die Avancen von Verehrern ablehnte, weil eben das Herz nicht dabei war.

»Ein Partner«, sagt Chris, »soll doch für alles da sein, was man nicht kaufen kann. Für Zuneigung, Liebe, Toleranz. Wenn du dich für Geld verkaufst, bist du schon auf der Straße zur Frustration.«

Wenn eine Frau anders denkt als sie? Okay! Sie hat nicht den Ehrgeiz, eine Message zu verbreiten durch die Art, wie sie lebt.

»Ich würde auch nie einen Alkoholiker verurteilen. Man weiß ja nicht, was er alles erlebt hat. Außerdem kann mir das genau wie jedem anderen passieren. Man soll nie nie sagen.«

Henry gähnt und streckt sich zu ihren Füßen. Henry ist ein Yorkshire-Terrier. Sie hat ihn nach der Scheidung gekauft. Er ist ein Symbol der Seßhaftigkeit. Ein Kindersatz, wie sie zugibt. »Es ist wahrscheinlich schon zu spät, selbst ein Baby zu haben. Ich bin das selbständige Leben gewöhnt. Die Unabhängigkeit und den Lebensstandard. Wenn ich ein Kind habe, möchte ich mich ihm voll und ganz widmen. So, wie es meine Mutter getan hat. Aber ich glaub' nicht, daß ich meine innere Ordnung jetzt noch umstoßen kann.«

Ihre blauen Augen glänzen. Sie streicht gedankenverloren durch ihr rotes Haar. Deutet dann auf den Oleander am Balkon.

»Schau, du siehst den Baum jetzt anders als ich. Jeder sieht ihn anders. Daran kann man erkennen, daß es die absolute Wahrheit nicht gibt.«

Wilfried Zeller-Zellenberg

Narren sind das Salz der Erde

Der Tote lebt in einem Atelier in der Wiener Innenstadt. Zweimal ist er schon gestorben.

Zum ersten Mal mit neun Jahren. Zuviel Tetanus. Der Arzt konnte ihn im letzten Moment retten.

»Damals hab' ich schon die Engerln singen gehört«, sagt der Künstler Wilfried Zeller-Zellenberg.

1943 wurde er mit einem Lungendurchschuß ins Lazarett eingeliefert. Herzstillstand. »Ich weiß nur, daß Schwestern um mich herum waren und ich ihnen erklärt hab', daß es nicht *eine* Religion, sondern überall den Faden des Absoluten gibt. Daß jeder Mensch ein Kosmos für sich ist.«

Seitdem er das erkannt hat, geht Zeller-Zellenberg auf der Masse spazieren. Er ist der Narr von Wien. Narren, sagt er, sind das Salz der Erde. Er versucht »als Wanderprediger mit kindlicher Naivität eine Hetz zu verbreiten«. Seine Erfahrung: »Es wird alles schön und lustig, man muß nur hineinlachen. Das mach ich auch mit meinen Bildern. Die lachen den Menschen entgegen.«

Seine Bilder zeigen eine behutsame Welt. Die

zarten Farben und feinen Striche sind – oberflächlich betrachtet – ein Kontrast zum Äußeren ihres Schöpfers. Er ist ein massiver Mann. Eine Feder verschwindet in seinen Pranken. In seinen Falten versteckt sich die Welt. Seine Augen strahlen, sein Schnauzbart erinnert an Kaiser Franz Josef. Seine Majestät steht als Büste auf der Kommode. Versehen mit einem Kapperl. Dekoriert mit einem Schutzbundorden. Eine Narretei! Und Narren sind . . . wir wissen es bereits.

Die Politiker und hohen Herrn nehmen sich alle viel zu ernst, sagt der Professor. Sie wollen das Volk belehren. Er hat das längst aufgegeben. »Man kann aus den Erfahrungen der anderen lernen. Aber in Wirklichkeit steigt jeder ununterbrochen auf die Seife.«

Er spricht ohne Bitterkeit. Setzt sich spontan an den unordentlich-ordentlichen Schreibtisch mit den Bergen von Photos, Zeichnungen, Tintenfäßchen und Malfarben. Nimmt einen Bogen Papier. Zeichnet eine Wespe. »Eine Wespe hat mich so stark gestochen, daß ich fast ein halbes Jahr meinen Daumen nicht bewegen konnte. Ich bin ihr aber deswegen nicht böse. Wer den Bereich eines anderen Lebewesens verletzt – und das hab' ich unbewußt gemacht – muß damit rechnen, angegriffen zu werden.«

Unser Leben, sagt Zeller-Zellenberg, ist ein dynamisch-erotischer Prozeß. Was nicht mit Liebe und Lust gemacht wird, wird sauer. Der Künstler als Traumtänzer? Nicht immer.

Manchmal packt ihn realer Zorn. Aber dann versucht er spielerisch zu reagieren.

Szene 1: Zeller-Zellenberg in der U-Bahn. Ein Revisor verlangt von einem Schulmädchen die Fahrkarte. Vergeblich. Sie ist pleite. Die Leute tuscheln. Das Mädchen versinkt im Boden. Zeller-Zellenberg gibt dem Revisor die 15 Schilling für ihren Fahrschein. Und steigt aus bei der nächsten Station. »Dadurch entsteht eine Kettenreaktion«, sagt er freundlich. »Das Mädchen wird später einmal sagen: Das war so ein Alter, der hat mir geholfen und gar nichts von mir gewollt. Also sind nicht alle Leute böse.«

Szene 2: Fußgängerzone – Innenstadt. Zeller-Zellenberg begegnet zwei Rockern. Der starke Mann weicht ihnen aus. »Obwohl ich im ersten Moment eine Flinte nehmen und sie abschießen möchte.« Er überlegt: »Das ist wie mit den Hornissen. Störst du ihren Weg, stechen sie dich. Man weiß ja nicht, was die Burschen alles hinter sich haben. Wie die überall getreten worden sind.«

Szene 3: Zeller-Zellenberg in der TV-Jugendsendung »Okay«. Der alte Mann und die Teenager. Er sagt: »Die Jugend kriegt nur eines mit – die Verlogenheit der Eltern. Eine verwuzelte Tante kommt zu Besuch. Die Mutter sagt: ›Ach, du wirst von Tag zu Tag jünger.‹ Das Kind kapiert das nicht. Die schaut ja aus wie eine verwelkte Hutblume.« Der Moderator lacht.

Der Professor hat den perfekten Draht zur Jugend. Weil er sich über sich selbst lustig machen kann. Und weil er gegen Perfektion ist – bei aller Perfektion.

»Wir können uns nur perfekt begraben lassen. Die Perfektion im Leben müssen wir vermeiden. Sonst entgehen wir dem Überraschungseffekt. Es gibt ja auch nicht ›das Ganze‹, wie ich früher geglaubt habe. Vollkommen wirst du nie. Du kannst nur trainieren, damit du mehr wirst.«

Als Kind wollte er Ingenieur werden. Sein Leben begann 1910 im dekorativen Hochglanz habsburgisch-monarchischen Treibens. Seine Vorfahren waren Hofärzte, sein Vater war Bahnbeamter, seine Mutter ein feinsinnig-artifizieller Mensch.

»Sie hat mir geistige Werte vermittelt und gezeigt, wie die Blumen wachsen, wie die Bäume heißen und die Sterne.«

Er wurde Schüler an der Kunstgewerbeschule in Wien. Fuhr aus Abenteuerlust Anfang der dreißiger Jahre nach Berlin. Verdiente seinen Lebensunterhalt am Bahnhof Zoo, indem er Reisende porträtierte. Das Papier stammte von Klopapierrollen. Zu Zeichenblocks reichte es nicht.

Nach dem Krieg – er wurde in Rußland verwundet – illustrierte Zeller-Zellenberg wieder in Wien zahlreiche Bücher, schrieb Feuilletons und karikierte für Zeitungen. 1954 ließ er sich in der Klinik Hoff mit einem Säurepräparat gegen Revers für 24 Stunden in einen schizophrenen Zustand versetzen.

»Ich wollte künstlerisch auf eine andere Ebene

steigen.« Das Abenteuer reizt ihn noch heute. Mit dem Motorrad hetzt er zwar nicht mehr über Sandstraßen, dafür gibt's jetzt ein Geländeauto für die Berge. Vor ein paar Jahren hat er sich zum Campen ein neues Zelt gekauft. »Man muß spielen im Leben. Stillstand ist tödlich.« Glücksgefühle, hat er erkannt, kann der Mensch nur erreichen, wenn er entspannt ist und die Welt ohne Vorsätze auf sich einströmen läßt. Er sieht den Menschen als »imperial programmiertes Wesen«, das Leben als Kampf.

»Wir leben in einer profitorientierten Gesellschaft. Du mußt dir jeden Mensch kaufen. Die billigsten mit Geld. Die teuersten mit Komplimenten.«

Er schenkt Tee ein.

»Die Kirche ist daran schuld, daß die Leute überhaupt ein schlechtes Gewissen haben. Ich hab' überhaupt kein Gewissen . . .«

Er schmunzelt.

»Sonst könnt' ich ja überhaupt nicht schlafen.«

Er streicht über seinen Schnurrbart.

»Nein, nein, aber ich find' eben alles lustig und spaßig. Es gibt doch überhaupt nicht Gut und Böse. Es gibt nur Ursache und Wirkung. Wir haben nur nicht den Mut, uns von den Vorurteilen, die wir schon als Kleinkinder mitkriegen, zu befreien. Dabei zerstören Vorurteile alles in unserem Leben.«

Trotzdem genießt er Wien. Die »In-Szene« mit ihrer Larmoyanz, dem Neid und den Intrigen. Während andere darüber raunzen, wird man Zeller-Zellenberg mit einem Lächeln drübergleiten sehen. »Wenn ich hier in Lokale gehe«, erzählt er, »bewundert einer den anderen. Bis er rausgegangen ist. Dann sagen alle: ›Der arme Narr glaubt, er is wer.‹ Das ist das große Glück in Wien. Keiner nimmt den anderen ernst.«

Ferry Dusika

Der Radkaiser von Österreich

Als Bub schleppte er Koffer am Wiener Südbahnhof, um sich Geld für ein Zelt zu verdienen.

Schulmessen nützte er dazu, um einem Bootsverleiher beim »Einparken« der Schinakln zu helfen. »Bevor der Pfarrer mit der Predigt fertig war, bin ich aber immer rechtzeitig wieder in der Kirchn gwesen.« Den Kaufpreis fürs erste Fahrrad ersparte er sich mühsam als Lehrling in einer Textilfirma. Um prompt nach dem Erwerb eine »Watschn von der Mutter« zu fangen. Die hatte für solchen Luxus kein Verständnis. Schließlich mußte sie sich in der Fabrik und als Bedienerin abrackern, um den Ferry und seine zwei Schwestern durchzubringen. Der Vater hatte sich nämlich diskret verabschiedet.

Die Mutti, meint der Ferry, würd' sich freuen, wenn sie miterleben könnte, daß was aus ihm geworden ist. Leider ist sie mit 50 gestorben. Und hat nicht mehr mitgekriegt, wie er sich nach oben strampelte. Als Sprinter im Pariser Wintervelodrom, bei den Radweltmeisterschaften in Rom, als Sportartikelhändler nach dem Krieg, als Gesundheitsapostel und Autor des Buches »Dicke essen zuwenig«. Dusika verdankt seinen

Erfolg vor allem seinen Lieblingstugenden: Fleiß, Pünktlichkeit, Ausdauer.

Bei seinem ersten Rennen wurde er Letzter. »Die ham scho des Ziel weggräumt ghabt. Des hat ma ka Ruah glassen. Niederlagen hab i nie gern ghabt.« Deshalb unternimmt er alles, um sie zu verhindern. Die Sehnsucht nach Erfolg treibt ihn voran. Und der Ehrgeiz, Probleme zu lösen. Da setzt er sich hin und überlegt: Warum rennt's net? Was kann i machen, daß es besser wird? Der Flop beim ersten Rennen, erkannte er, war auf mangelnde Ernährung zurückzuführen. Seitdem beschäftigt er sich mit den Bedürfnissen des Körpers.

»Dicke essen viel zuwenig Frischkost mit Vitaminen, Mineralien, Spurenelementen und Fermenten, unveränderte Getreideprodukte und Mehlprodukte aus Vollkorn, basische Nahrung sowie Ballaststoffe zum besseren Verdauungsablauf«, sagt Dusika. »Schon unser traditionelles Frühstück mit Weißbrot und Marmelade hat viel zuwenig Vitalstoffe. Ein Müsli hingegen steigert die Energie.«

Dusika, der Analytiker, wehrt sich dagegen, von manchen Leuten als »gesundheitsbesessen« abgestempelt zu werden. Er bedauert sogar Menschen, die nicht ab und zu einmal »sündigen« können. Genießt selbst durchaus einmal ein Schnitzel mit einem G'spritzten. Weil er von Verboten wenig, von Vernunft jedoch sehr viel hält. Auf die große Linie kommt's an.

»Man sollte 5- bis 7mal soviel Kartoffeln,

Gemüse, Salate und Obst essen als alle anderen Speisen zusammen. Dann darf man sich ruhig einmal eine Knackwurst mit einer Semmel erlauben.«

Aufs Stichwort »Knackwurst« serviert uns Dusikas Frau Hilde ein Müsli, garniert mit Weintrauben und Nüssen. Sie sind seit 37 Jahren verheiratet. »Er ist Widder, ich bin Jungfrau«, lacht Frau Dusika. »Ich bin halt eine anschmiegsame Person, vielleicht funktioniert's deshalb.«

Emanzipiert waren sie schon beide, als das Wort noch lange nicht von frustrierten Wohlstandsdämchen als Kriegsschrei mißbraucht wurde. »Ich hab' genauso Schutt weggeräumt und schwere Glasplatten getragen wie mein Mann. Wir haben 1945 monatelang in einer Ruine gehaust und am Boden geschlafen. Aber arm sind wir uns nie vorgekommen.« Für Unzufriedenheit war eben keine Zeit. Es gab immer was zu tun. Die Angestellten waren für das kinderlose Ehepaar – mittlerweile haben sie die Geschäfte an »Intersport« verkauft – ein Familienersatz.

»Sie haben sogar Mutti zu mir gesagt«, schwärmt Frau Dusika. Ihr Mann war und ist wohl gleichermaßen für viele junge Radrennfahrer, deren Karriereweg er ebnen hilft, eine Art Ersatzvater. Seit 15 Jahren finanziert er die Jugendtouren aus eigener Tasche. Es trifft allerdings keinen Armen. Dusika war stets als Sparmeister bekannt. Er besitzt Häuser in der Hinterbrühl und an der Algarve sowie eine Wohnung in Wien. Warum auch nicht? Schließlich hat er's mit eigener Tüchtigkeit soweit gebracht. Und mit viel innerer Unruhe als Antriebskraft.

»Ich kann nicht untätig in der Sonne liegen und in den Himmel schaun. Bevor ich gar nichts tu, setz ich mich lieber auf ein Fahrrad.« Er zieht ein Notizbuch aus der Innentasche seines Sakkos. »Schaun Sie, ich hab' dauernd Termine. Hier trag' ich alles ein. Manche Leute sind heutzutage deshalb unzufrieden, weil sie zuviel Freizeit haben und nichts mit sich anzufangen wissen.«

Vielleicht wirkt er deshalb so frisch wie der Luis Trenker nach einer Gipfelbesteigung. Mit 76 Jahren nimmt der Radkaiser von Österreich noch immer zwei Stiegen auf einmal. Gesundheit fasziniert ihn. Er wäre gerne Arzt geworden. Für eine Artikelserie in der »Kronen Zeitung« hat er 200 medizinische Fachbücher gelesen, um genügend Basisinformation zu sammeln. Gelesen hat er sie meist in der Früh zwischen 3 und 6. »Am Abend ist mit mir nichts mehr anzufangen. Um 20 Uhr lieg' ich meist schon im Bett. Das tut mir gut. Die Stunden, die man vor Mitternacht schläft, zählen nämlich doppelt.«

Fad wird ihm sicher auch in Zukunft nicht. Sein neues Buchprojekt handelt nun vor allem von der Seele. Es geht um die Macht der positiven Einstellung.

»Es soll niemand glauben: Wenn ich nur Salat iß, werd' ich gesund.«

Dr. Erich Roland – Großvater und Enkelkinder

Wissen ist Macht

Das Zimmerfahrrad dient mit devotem Widerwillen. Der alte Herr genießt den Widerstand. Kämpferisch wirft er die Kraft seiner 78 Jahre in die Pedale.

Dr. Erich Roland, Chef der gleichnamigen Maturaschule, begegnet dem Verfall des Körpers mit der Trotzmacht des Geistes.

»40.000 Kilometer bin ich damit schon gefahren«, keucht er atemlos. »7000 Kilometer noch, und ich hab' die Welt im Zimmer umkreist.«

Er fährt nur noch wenige Kilometer pro Tag, seitdem er in diesem Jahr eine Darmoperation und einen Lungeninfarkt besiegen mußte. »Tun Sie sich nicht echauffieren«, haben die Ärzte geraten. »Mens sana in corpore sano«, hat ihnen der alte Herr widersprochen. »Ich werde mich doch vom Körper nicht unterkriegen lassen.«

Früher hat er den Großglockner bestiegen, bei minus dreiunddreißig Grad sein Fahrzeug vom Sonnblick ins Tal getreten oder als Schüler des Wiener Piaristengymnasiums den Rekord an Klimmzügen gehalten.

1923 hat er maturiert. Der Vater, Bibliothekar traditionell-konservativer Prägung, sah ihn als künftigen Arzt. Erich Roland fühlte sich zum Lehren berufen. Noch vor seiner Promotion als Jurist begann er 1926 mit Hochschulkursen für das »Latinum«, einer Ergänzungsprüfung für Studenten, die im Maturazeugnis keine Lateinnote aufzuweisen hatten. Zu den ersten Schülern zählte Bruno Kreisky. 1933 gründete Dr. Roland seine Maturaschule, womit Lehren und Belehren, Denken und Nach-denken endgültig zu seiner Lebensaufgabe wurden. Streben nach Fertigkeit und Licht im humanistischen Sinn. Ehrfurcht vor der Aristokratie des Geistes in Erkenntnis der Maxime: Wissen ist Macht! Der Kategorische Imperativ von Immanuel Kant, wonach der Mensch niemals Mittel zum Zweck sein darf, als moralische Instanz.

»Ich bin Lehrer mit Leidenschaft«, sagt Dr. Roland. »Die Schule ist mein Leben.«

Um die Schule zu erhalten, hat er im Krieg beim Wiener Streifenregiment gedient. Diese Entscheidung jedoch, als die ersten Informationen von der nationalsozialistischen Pestilenz durchsickerten, schnell bereut und sich im Widerstand betätigt. 1948 wurde ihm von der Entnazifizierungskommission eine Haftentschädigung zugesprochen.

Seine Frau Margarethe, mit der er seit 1938 glücklich verheiratet ist, hat auch in diesem dunklen Abschnitt fest zu ihm gehalten. Die Familie ist für Erich Roland ebenso ein Halt wie der Glaube an Gott. Seine drei Kinder arbeiten für die Schule und nehmen mit Bewunderung zur Kenntnis, wie sich der alte Herr noch immer engagiert.

»Ich vertrag' das Nichtstun nicht, glaubt's mir«, versucht er seine Umwelt zu überzeugen. Deshalb hat er auch bis zum Infarkt unterrichtet. Hält jetzt noch Sprechstunden »um Mut zu machen«. Oder berät neue Lehrer mit seiner pädagogischen Erfahrung. Er glaubt fest daran, daß ein Reifezeugnis auch heute noch ein Jeton im Glücksspiel unserer Existenz sein kann.

»Gerade jetzt ist die Matura besonders wichtig. Unlängst hat mir ein Freund erzählt, daß man in Japan sogar schon bei den Schuhputzern vor den Hotels auf ein bisserl Bildung schaut, damit sie sich mit den Leuten verständigen können.«

Mit dem neuen Unterrichtsminister Helmut Zilk verbindet ihn die Forderung nach einer Entrümpelung des Lehrstoffes. Genau wie Kreisky glaubt er an eine »psychotherapeutische Funktion« der Maturaschule, »weil man damit jederzeit die Chance hat, ein neues Leben zu beginnen«. Für den Rentner ist's ebenso ein neuer Abschnitt wie für die geschiedene Frau in der Mitte des Lebens. Für den Schüler, der in der siebten Klasse aus dem Gymnasium geflogen ist, genau wie für den Arbeiter, der auf der sozialen Hierarchieleiter nach oben klettern will.

»Für mich ist in dieser Hinsicht der Dr. Ofner ein Vorbild«, sagt Dr. Roland und deutet auf den Beschreibungsbogen des heutigen Justizministers. »Der hat neben seiner Tätigkeit als Starkstrommonteur unsere Abendkurse besucht und im Zeugnis lauter ›sehr gut‹.«

Eisstar Claudia Kristofics-Binder hat im Vergleich dazu eher mittelmäßige Zensuren aufzuweisen. »Aber die Claudia war ja viel im Ausland«, gibt sich der Lehrmeister verständnisvoll. Immerhin kann die Schule seit 1933 auf 7000 Maturanten verweisen. Was spielt's da schon für eine Rolle, daß Niki Lauda nach wenigen Lehrgängen lieber »im Kreis fahren wollte« und Manfred Petz alias Freddy Quinn Heimweh nach St. Pauli bekam.

»Das sind Einzelfälle«, resümiert Dr. Roland in seiner Hietzinger Villa. Der Klang seiner Stimme ist amikal = nasal. Die Atmosphäre ruft Assoziationen zu Stücken Schnitzlerscher Provenienz hervor. Frau Dr. Roland sorgt mit kultivierter Zurückhaltung. Herr Dr. Roland verkörpert die Würde des Professors Bernhardi.

»Jessas na«, schwelgt er in Nostalgie. »Den kenn' ich noch, mit dem Leopold Rudolf, Gott hab' ihn selig, den hab' ich sehr geschätzt. Natürlich auch den Schnitzler, vor allem deshalb, weil er ein Kämpfer war.«

Im 79. Lebensjahr ist Dr. Erich Roland ein Mann, der weiß, was er weiß, und derart mit Wissen die Weisheit berührt. Ein Wissender, der bedauert, wenn jemand nicht weiß, daß er nichts weiß, und somit Wissen und Weisheit gewissenlos verschenkt. Und irgendwie ergeht's ihm in diesen Tagen wie dem Historiker, der im Alter seufzend bekennt: »Jetzt hab' ich endlich einen

Blick für die ganze Geschichte, und jetzt beginn' ich alles zu vergessen.«

Dr. Roland kann über diese Geschichte noch schmunzeln. Seine Augen blitzen schelmisch. »Was soll ich machen«, sagt er gelassen. »Ich nehm's mit Humor. Humor ist der Schwimmgürtel im Strom des Lebens.«

Helene von Damm –
Mit dem Lächeln der Sieger zur Angelobung als Botschafterin

Die wundersame Wandlung eines Mädchens vom Land

Aufsteiger bekommen leuchtende Augen, wenn von ihrer Karriere die Rede ist. Helene von Damm, seit 1983 Botschafterin der Vereinigten Staaten von Amerika in Wien, vermittelt das Gefühl: Es geht noch immer, wenn man wirklich will! Der amerikanische Traum ist nicht nur Schimäre.

So manchen Beobachter wundert's, daß ihr Leben noch nicht verfilmt worden ist. Und unlängst haben Freunde zu ihr gesagt: »Es ist verständlich, daß sich die Medien so sehr mit dir beschäftigen – dein Werdegang ist der beste Drei-Groschen-Roman, den man sich nur wünschen kann.«

Rückblende. Juni 83. Kamera frontal auf die Gangway am Flughafen Schwechat. Eine attraktive Frau betritt mit »american cheese« österreichischen Boden. Wird von Mitgliedern der Bundesregierung begrüßt. Erklärt in der VIP-Lounge den Journalisten ihre Freude über das neue Amt. Wirkt freundlich und doch diplomatisch diskret.

Ob sie nicht befürchtet, als geborene Österreicherin und nunmehrige Amerikanerin in einen Gewissenskonflikt zu geraten, lautet eine Frage. Nein, antwortet sie, nicht zu schnell und nicht zu zögernd, nein, ich glaube nicht. Man spürt, daß sie es nicht nur glaubt, sondern weiß.

Cut. Zusammenschnitt ihrer Tätigkeit im Weißen Haus. Nach Reagans Wahlsieg wird sie als seine Sonderassistentin nach Washington berufen. Seit 1966 steht sie schon in seinen Diensten. »Loyal, unermüdlich und mit Hingabe«, wie ihr Reagan einmal schriftlich attestiert hat. Außerdem, so seine Worte: »Intelligent und tüchtig – a person for all seasons – eine Frau für gute und schlechte Tage.« Die Agenturen senden Dutzende Photos nach Österreich. Frau von Damm am Schreibtisch gemeinsam mit dem Präsidenten, im Flugzeug, bei einem Fest mit Frank Sinatra, einem Empfang mit dem James Bond-Darsteller Roger Moore.

»Sie war eine von uns, und sie hat's geschafft«, sagen bei Veröffentlichung der Photos die Einwohner eines Dorfes in Niederösterreich. Ulmerfeld heißt das Dorf und liegt in der Nähe von Linz, wo das Mädchen Helene Winter am 4. Mai 1938 geboren wurde.

Cut. 1945. Helene flüchtet mit ihrer Mutter und dem sieben Jahre älteren Bruder vor den Russen in den amerikanischen Sektor der Region. Der Vater, zuvor Ingenieur in der Neusiedler Papierfabrik, liegt mit Tuberkulose im Spital und stirbt, als sie zwölf ist. Während die Winters bei Bauern im Heustadel übernachten, requirieren die Russen ihre Wohnung.

»Natürlich hat mich das geprägt. Wenn man das russische System miterlebt hat, kann man daran nichts Gutes finden. Niemand durfte aus der Reihe fallen. Man mußte mit der Masse schön brav wie ein Schäfchen dahingehen. Das hat mich gestört – das ist keine Freiheit!«

Sie kam sich deplaziert vor. Hatte das Gefühl, »ein Kuckucksei« zu sein: Ins falsche Nest gelegt, von der Mutter sanft und verständnisvoll behandelt, aber ohne die Führung eines Vaters, den sie gebraucht hätte, ohne festen Halt. »Growing up pains« waren das, sagt sie und meint: »Vielleicht habe ich mir mehr Fragen gestellt als andere . . .«

Anstoß dafür gab die Klosterschule.

»Ich bin Mitglied der katholischen Kirche«, überlegte sie. »Und damit eine der Erwählten. Aber was ist mit den anderen Menschen, die aus irgendeinem Grund nicht dabei sein können? Sind die wirklich weniger wert? Und: Wie kann Gott so ein ungerechtes Auswahlsystem überhaupt zulassen?«

Der Alltag ließ ihr schließlich wenig Zeit für Grübeleien. Nach der Handelsschule übersiedelte sie nach Wien. Mietete ein Zimmer ohne Bad und Toilette, bekam einen Job als Kontoristin und sehr wenig Geld dafür.

»Einmal in der Woche bin ich zu Freunden unserer Familie auf Besuch gegangen und hab' mich dort für drei Tage sattgegessen. Die haben ein Bad gehabt und mich jedesmal wieder sauber gestriegelt.«

Sie war unruhig. Suchte, ohne zu wissen wonach. Ging für fünf Monate als Au-pair-Mädchen nach Göteborg. Bekam anschließend eine Einladung von ihrem Bruder, der inzwischen Ingenieur in der deutschen Garnisonsstadt Erlangen geworden war. Verliebte sich dort in einen Soldaten. Und übersiedelte mit ihm nach der Heirat in die USA.

Cut. Detroit 1959. Ein schüchternes Mädchen erledigt in einer Firma Schreibarbeiten. Traut sich nicht einmal den Telephonhörer abzunehmen, weil sie die englische Sprache nicht beherrscht. Kümmert sich am Abend um ihren Haushalt und ihren Mann. Ein schüchternes Mädl vom Land ohne Selbstbewußtsein. Dann ziehen neue Nachbarn ein. Ein freundliches älteres Ehepaar. Sie laden Helene zum Kaffee ein. Und sagen zu ihr: Du schaffst es, wenn du dich nur anstrengst. Mach Abendkurse, lern' was und bilde dich weiter!

Dieser Anstoß ist die wichtigste Lektion in ihrem Leben: Was immer man erreicht – es kommt nichts von selbst! Man muß es sich erarbeiten!

Kurze Zeit danach läßt sie sich scheiden.

»Ich habe den Fehler gemacht, von meinem Mann zu erwarten, daß er mir den Weg zeigt. Dabei kann dich ein anderer Mensch gar nicht glücklich machen. Du mußt dich zuerst einmal selbst finden.«

Das befreundete Ehepaar vermittelt ihr einen Job beim Ärztebund in Chicago.

Man schreibt das Jahr 1964.

Zwei Jahre und unzählige Abendkurse später ist sie Reagans Privatsekretärin.

»Du mußt natürlich Glück haben«, gibt sie zu. »Aber sehr wichtig ist es, Chancen zu erkennen und sie auszunützen. Dazu gehört auch die Bereitschaft, Risiken einzugehen.«

Ihr Risiko bestand darin, daß sie ihren sicheren Job beim Ärztebund aufgegeben und auf gut Glück nach San Francisco gefahren war. »Ich war so von einer Rede und dem Zusammentreffen mit Ronald Reagan fasziniert gewesen, daß ich mir gesagt habe: Für den möchte ich arbeiten!« Drei Monate hindurch bat sie einmal pro Woche in der Zentrale des Reagan-Wahlkampfes mithelfen zu dürfen. Merke: Klopf so lange an die Tür, bis sie sich öffnet. »Ich habe mir halt gesagt: Man darf nicht gleich aufgeben!«

Der Mut, mit Wißbegierde ein neues Amt zu übernehmen, sollte ihr schließlich auch den Botschafterposten in Wien verschaffen. Sie ist sich bewußt, daß dieser Sprung nicht denkbar gewesen wäre ohne harte Beweise ihrer selbständigen Tüchtigkeit. Zupacken wo man gebraucht wird, war nun ihr Motto. So wurde sie Finanzdirektor des Präsidentschafts-Wahlkampfes im Nordosten der Vereinigten Staaten. »Es hat sich zu der Zeit niemand anderer für die schwierige, aussichtslos erscheinende Arbeit gefunden, und so habe ich mich freiwillig gemeldet. Nach unserem Wahlsieg, als mir der Präsident anbot, zuerst stellvertretende Personalchefin im Weißen Haus zu werden und ein halbes Jahr später die Abteilung ganz zu leiten, ist mir die Entscheidung nicht leicht gefallen. Als Sonderassistentin bist du viel mehr geborgen. Alle sind nett zu dir. Du machst alle Reisen mit und hast viel Prestige. Als Personalchefin bist du hingegen für alle politischen Ernennungen verantwortlich und in der direkten Schußlinie.« Sie hat den Umstieg gewagt – und gewonnen. Ein Risiko, das sie mittlerweile nicht missen will. So wie sie gerne in die Berge geht und – wie auf dem »Sea of Cortez« – abenteuerliche Bootsfahrten bewältigt.

»Es tut jedem Menschen gut für die Seele, wenn er fest auf dem Boden steht und lernt, Vertrauen zu sich selbst zu haben. Nach einer abenteuerlichen Berg- oder Bootstour fällt es leichter, Entscheidungen zu treffen. Da sagt man sich: Wenn man das eine überwunden hat, schafft man das andere auch.«

Was ihr Privatleben betraf, war sie jahrelang weniger erfolgreich. Die zweite Ehe mit dem Bankier Christian von Damm ging 1976 auseinander. Vielleicht, weil neben dem Full-Time-Job mit Tennis, Jogging, Abendkursen, Lesen, Handarbeiten usw. nicht mehr viel Zeit geblieben ist. Vielleicht, weil Helene von ihrem euphorischen US-Standpunkt nicht abging und verlangte: »Ich will alles machen!« Oder, weil Christian von Damm lieber eine traditionell angepaßte Ehefrau gehabt hätte. Wie auch immer: Seit zwei Jahren scheint das (Emanzipations-) Problem gelöst zu sein. Helene ist mit dem Unternehmer Byron Leeds in dritter Ehe glücklich verheiratet. »Er ist ein total selbstsicherer Mann und freut sich mit mir über Erfolge«, sagt sie strahlend. »Bei uns heißt es: Everybody follows his own mission! Jeder muß seine eigene Aufgabe haben, ohne den anderen einzuengen. Wenn ich Byron früher kennengelernt hätte, hätte ich sicher trotz meiner Karriere mit ihm Kinder gehabt . . .«

Manchmal bedauert sie, daß es nicht so gekommen ist. So wie es ihr leid tut, momentan nicht Zeit für intellektuelle Weiterbildung zu haben. Später einmal, nach ihrer Ablösung als Botschafterin, hofft sie Versäumtes nachzuholen und ein richtiges Studium aufzunehmen. »Ich weiß, es ist untraditionell, zuerst Karriere, dann Studium, aber es hat gerade deshalb vielleicht mehr Reiz als umgekehrt, weil man dann wirklich nur für sich selbst lernt.«

Ob dann aus der offen-herzlichen Helene Winter eine Intellektuelle im Elfenbeinturm wird? Eine Frau, die ihre bodenständige Vergangenheit vergißt? Die Geldnot und den Hunger?

»Das glaub' ich nicht«, sagt die Frau Botschafterin. »Jedenfalls kann ich bis heute kein Essen wegwerfen. Wenn nach einer Einladung ein Würstel überbleibt, tu ich's in den Eiskasten und esse es, wenn ich später Hunger habe.«

Susanne Chlumsky

Mein Zuhause ist der Wald

Der Schulbeginn war nicht gerade ermunternd. Als Susanne nach der fünften Klasse Mittelschule die Aufnahmeprüfung an der »Höheren Lehranstalt für Forstwirtschaft« bestand, grantelte ein Professor: »Es ist eine Schande für die Schule, daß ein Mädchen die Aufnahmeprüfung schafft.«

Ihre Begeisterung verflog wie die eines Hasen, der hört, daß zur Treibjagd geblasen wird.

»I hab' die Guckerln aufgrissen und g'schaut«, erinnert sie sich. Fünf Jahre später absolvierte Susanne Chlumsky die Abschlußprüfung als einziges Mädchen unter 275 Burschen.

»Am Anfang hab' ich öfters geheult, weil s' grauslich zu mir waren. Aber dann hab' ich mir aus Trotz gesagt: Euch werd' ich's zeigen. Ich geb' nicht auf.«

»Sie hat sich wirklich toll durchgesetzt«, gesteht mittlerweile auch Heinrich Schwarz vom Bundesministerium für Land- und Forstwirtschaft, der mit Susanne in die Schule gegangen ist. »Als Mädchen mußt du in diesem Beruf mehr leisten als ein Mann, wenn du akzeptiert werden willst.«

Vermutlich ist ein Mann daran beteiligt, daß Susanne nicht die Flinte ins Korn geworfen hat: ihr Vater. Hubert Chlumsky, ein Wiener Herrenschneider mit einer Wochenendjagd am Schöpfl, hat sein einziges Kind mit Naturbewußtsein erzogen.

»Das Tier muß gefordert werden und der Mensch auch«, hat er ihr immer wieder eingetrichtert. »Was man macht, muß man mit vollem Einsatz machen.«

Susanne nahm sich die Lebensmaximen des Vaters als Vorbild. Und somit wundert's kaum, daß sie als blond-blauäugiges Kraftbündel gemeinsam mit ihrem Vorstehhund Leni akzeptiert wird.

Sogar beim Holzvermessen und beim Gespräch mit Holzknechten.

»Mir ham sich Sie anders vurgstellt«, bekommt sie immer wieder zu hören. Und bleibt die Antwort nicht schuldig. »Was habts glaubt? Daß i mit Stöckelschuhen und lackierten Fingernägeln daherkomm?«

Worauf gestandene Mannsbilder verlegen die Köpfe senken und wie zur Entschuldigung sagen: »Na, na, natürlich net.« Um dann später in Männerrunden mit Obstlern auf den Weltuntergang anzustoßen. »Wäul jetzt bald gar nix mehr so is, wias amoal war.«

Mit zunehmender Erfahrung – schließlich ist sie pro Jahr fast sechs Monate in Österreich unterwegs – ist natürlich Susannes Selbstbewußtsein gewachsen. Im Laufe ihrer Ausbildungszeit ist sie vielleicht ein paarmal gefallen. Auf den Mund aber ganz bestimmt nicht.

»Unlängst hab' ich hier eine Maus gefangen«, erzählt sie in der Jagdhütte ihres Vaters.

»Dressiert auch?« fragt einer aus der anwesenden Herrenrunde. »Leider ist sie vorher ausgekommen«, antwortet Susanne schlagfertig.

»Sie hat die Gitterstäbe des Käfigs aufgebogen und war weg.«

Mit Männern ist ihr das auch schon passiert. Nach anfänglichen Tändeleien hat vor einiger Zeit bei einer Party in Salzburg niemand mehr mit ihr gesprochen.

»Warum redts denn net mit mir?« hat Susanne gefragt.

»Weilst dauernd den Mund offen hast«, kam die Antwort.

»Jetzt halt i mi zruck«, zog sie daraus eine Lehre. »Ich will doch den femininen Touch nicht verlieren.«

Was sie von einem Mann erwartet?

»Er darf kein Dolm sein. Und er soll wissen, wo's lang geht – wenn ich selbst den Weg nicht finde.«

Sie befindet sich in einem Gewissenskonflikt. Und betäubt ihn manchmal, indem sie zu oft zum Eiskasten geht. Beruflich hat sie mit harten Männern zu tun, gegen die »ein kroatischer Teichgräber geradezu ein Salonlöwe ist« (Vater Chlumsky). Privat ist sie ein romantisches Mädchen, das schon als Kind Wildererromane gelesen und vom Happy-End zwischen Jäger und

Förstertochter geträumt hat. Sie will irgendwann Kinder haben. Andererseits fühlt sie sich von ihrem Beruf gefordert. Und von ihrem Vater, mit dem sie seit dem Tod der Mutter vor zwei Jahren enger zusammen ist. Hubert Chlumsky hat seine Tochter wie einen Buben erzogen. Der Umgang mit einer Möselhacke ist für sie genauso selbstverständlich wie ein Gewehr oder das Anlegen von Schneeketten. Sie hat nie zu den Mädchen gehört, die hysterisch aufschreien, wenn man knöcheltief im Gatsch versinkt.

»Warum soll ich mich nicht dreckig machen«, fragt Susanne Chlumsky. »Das kann man doch wieder waschen.«

Sie liebt die Natur. Fühlt sich dort freier als in der Stadt. Ein Büro empfindet sie als Gefängnis. Für das Privileg, das gerechterweise keines sein sollte, in einem traditionellen Männerberuf zu arbeiten, nimmt sie eben die Nachteile in Kauf.

»In Wien stört mich die Hektik und Lieblosigkeit der Menschen«, sagt Susanne. »Ich hab' den Eindruck, daß andererseits viele Menschen in der Stadt viel apathischer sind als auf dem Land. Weil sie oft gelangweilt herumsitzen und sagen: Was soll ich nur tun?«

»Für mich ist ein junger Mensch, der sagt: ›Mir ist fad‹, überhaupt ein geistiges Nackerpatzel«, schaltet sich Hubert Chlumsky ein. »Man darf sich nicht treiben lassen.«

Wie um seine Worte zu unterstreichen, sagt er zu seiner Tochter: »Komm, Susanne, hilf mir bitte die Schneeketten anlegen. Aber flott. Erinnere dich daran, daß du's beim Lehrkurs am Falkertsee in 1:32 Minuten geschafft hast.«

Susanne nimmt die Schneeketten und sagt beim Hinausgehen: »Ich bin froh, daß ich Försterin geworden bin. Jetzt ist der Wald mein Zuhause . . .«

Bergretter im Einsatz

Alarm auf den Bergen

1956 hat es ihn zum erstenmal erwischt. Siegfried Grätzel stürzte bei Bergungsversuchen in eine Gipfelschlucht. Ergebnis: Oberschenkelhalsbruch, beide Arme gebrochen, drei Monate Krankenhausaufenthalt.

»Zerscht hab i ma gschworen: nie wieder«, erinnert sich Grätzel. Immerhin war er Besitzer einer Maschinenstrickerei und Familienvater. Im November 1956 wurde er aus der Pflege entlassen. Im Dezember ging er doch wieder mit der Bergrettung auf die Rax.

»Es ist schön zu helfen«, erklärte er. »Außerdem findst nirgends so a Kameradschaft wia unter die Bergrettungsleut.«

1980 erwischte es ihn zum zweitenmal. Steinschlag. Grätzel stürzte ab. Querschnittlähmung. »Sie dürfen sich keine Hoffnungen mehr machen«, sagten die Ärzte zu seiner Frau.

Heute geht Siegfried Grätzel wieder auf Krücken. Mit eisernem Willen hat er sich im Rehabilitationszentrum Tobelbad immer wieder zu Übungen gezwungen, die man gar nicht von ihm verlangt hatte. So wie damals Niki Lauda nach seinem Unfall am Nürburgring, als er sich an ein Lungenabsauggerät anschließen ließ, auf die Gefahr hin, daß sein Kreislauf zusammenbrechen könnte.

»Du bringst wieder was zsamm«, sagte ein Pfleger erstaunt zu Siegfried Grätzel, der mittlerweile schon 56 Jahre alt ist. »Du kannst dich eben überwinden, weilst am Berg gelernt hast, die Zähne zsammzubeißen.«

»Der Siegfried is wirklich bewundernswert«, sagt Ignaz Gruber vulgo Gruabernatz, ein international bekannter Bergsteiger, der die Einsatzgruppe Reichenau an der Rax leitet. Grätzel ist nach wie vor einer von ihnen. Jetzt macht er in der Funkzentrale Dienst. Er ist einer von zirka 100 Bergrettungsleuten der Rax-Region, die pro Jahr 60 Menschenleben retten, ohne groß darüber zu reden. »Das ist doch selbstverständlich«, sagt Hans Hejduk, der Ortsgruppenleiter. »Wenn a anderer Hilfe braucht, fragt ma net. Je mehr bei am Einsatz verlangt wird, desto mehr schweißt uns des zsamm.«

Die Einsätze: Suchaktionen bei Nacht und Nebel, wenn sich Bergsteiger verirrt haben. Abstürze nach dem »Wegen die paar Meter«-Syndrom, weil jemand Pickel und Steigeisen nicht rausgenommen und geglaubt hat, über ein Schneefeld ohne Sicherung drüberzukommen.

»Unlängst erst ham ma drei Tote auf Klettersteigen ghabt«, erzählt Hans Hejduk. »Die ham sich net anghängt, weil s' sportlich sein wollten. Dabei is grad derjenige a Trottel, der über besonders vorsichtige Maßnahmen lacht. In meine

Augen is einer, der auf einer Tour umdreht, weil er sich ausgsaftelt fühlt, ein größerer Held als ein anderer, der um jeden Preis nach oben will.«

Der Gruabernatz nickt.

»Wenn ana an Tennisschläger kauft, fragt er sofort nach an Lehrer. Aber mit an Bergschuah glauben die Leut, daß gleich a die ganzen Kenntnisse fürs Bergsteigen mitkaufen.«

Schließlich gibt's Bergsteigerschulen. Und schließlich müssen auch die Bergrettungsleute wochenlang Kurse machen, um für den Einsatz gerüstet zu sein. Bergkenntnisse und Skifahren gelten dabei als Voraussetzung. Dazu kommen Erste-Hilfe-Kurse und Lehrgänge, wie man Verletzte im Gelände fachgerecht abtransportiert.

»Bei uns gibt's ka Theorie, des muaß alles in der Praxis verwertbar sein«, sagt Ewald Putz, der bei der ersten österreichischen Tibet-Expedition mit dabei war. »Die Auseinandersetzung mit der Natur is unhaamlich klaß. Ma is für alles selber verantwortlich, was ma macht.«

Bei seinem ersten Bergrettungseinsatz sah er drei Tote.

»A Frau und zwa Kinder, die abgstürzt san. Des hat mi scho sehr erschüttert. Aber irgend jemand muaß des alles machen.«

Ob er sich für besonders tapfer hält?

»I bin sicher net sehr mutig. I hab a oft Angst. Aber die Überwindung der Angst bereitet große Freude.«

Weniger froh sind die Bergrettungsleute über

ihre finanzielle Lage. 1981 hat ihre Landesstelle für Wien und Niederösterreich 400.000 Schilling an Spenden und Subventionen eingenommen. Allein die Materialkosten betrugen aber in diesem Jahr um 50.000 Schilling mehr, ganz zu schweigen von den Spesen der Bergretter, die sogar die Anfahrtswege von ihren Wohnungen (oft bis zu 50 km) aus der eigenen Tasche bezahlen.

1981 wurden rund um Wien 650 Menschen geborgen. Sechzig Prozent davon waren Wiener. Vom Landeshauptmann Gratz bekam die Landesstelle 1981 dafür nur 54.000 Schilling Subvention!

»Wenn ma den Behofer net hättn, kenntat ma eh scho zuasperrn«, klagen die Bergretter von Reichenau an der Rax. »Der hat uns sogar a Geländeauto verschafft.«

Der Behofer: 84 Jahre alt. Seit 1934 bei der Bergrettung. Ein lieber, knorriger Herr. Seit Beginn seiner Pension hat er sich selbst hauptamtlich zum »Schnorrer« ernannt. Wo immer auf der Rax Touristen zu sehen sind, ist der Behofer mit seiner Sammelbüchse nicht mehr weit.

»Was muaß i denn geben?« fragte ihn kürzlich ein Wanderer.

»Müaßn tuan S gar nix«, antwortete der Behofer. »Geben S halt, was glauben, daß wert san.«

Der Wanderer spendete einen Schilling.

»Na, vül wert san S net«, sagte der Behofer.

Er lacht, als er diese Geschichte erzählt. Geniert sich nicht für seine Schnorraktionen. Wirkt frischer als die meisten Buberln der Disco-Generation.

»I trink halt nie mehr als zwa bis drei Achtele Wein«, erklärt er seine Vitalität. »Aber des is net des Wichtigste. Wichtiger is, daß i nie gfragt hab, was i fir mei Arbeit kriag. Für mi war immer wichtig, was des der Bergrettung bringt.«

Franz und Lola Schaller

Die fröhlichen Rentner

Um 17 Uhr liegen sie meist schon im Bett.

»Der Schlaf vor Mitternacht ist der gesündeste«, sagt Frau Schaller.

»Manchmal schaun wir uns das Traummännlein im Fernsehen an«, sagt Herr Schaller. »Und wenn dann nix Gscheites mehr is, drah ma ab.« Er lacht herzlich.

»I genier mi net dafir. Wir stehen a jeden Morgen scho um viertel fünf wieder auf.«

Langweilig ist ihnen nie. Sie wandern, lesen, erfinden Gedichte oder basteln in ihrer gemütlichen Garçonniere.

»Die zwa san meine Heinzelmännchen«, sagt Frau Hansi, die Nachbarin. »Die ham ma dauernd beim Herrichten der Wohnung gholfen, wia i einzogen bin. Der Herr Schaller is durch ganz Wien gfahrn, wenn i was braucht hab.«

»Des mach i do gern«, sagt der Herr Schaller. »Mei eigene Tochter is eh scho am Land verheiratet. Außerdem soll ma imma was tuan, sonst verkalkt ma. Der Fehler von die meisten Alten is, daß sa si ka Beschäftigung suachn.«

Herr Schaller ist 74. Alt fühlt er sich nicht. Eher als »Kasperl«.

»Was mach i bei die alten Leit, wo mi do nur des Bergsteign gfreit«, reimt er spontan und fügt erklärend hinzu:

»I hab als Bua net amal Schuach zum Wandern ghabt. Vielleicht bin i deshalb so zufrieden, weil's ma vül schlechter gangan is.« Frau Schaller bringt Kaffee und Guglhupf.

»Schaun S, der Franzl war der Ärmste von alle meine Verehrer, und trotzdem bin i mit ihm am glücklichsten wurn. Wann i nur aufs Geld gschaut hätt, wär des sicher net so kumman.«

Franz Schaller kommt aus desolaten Familienverhältnissen. Die Mutter wechselte innerhalb weniger Jahre viermal den Mann. Der Franzl, eines von vier Kindern, wurde auf »Kostplätze« abgeschoben.

»Des war net schön, aber des hat ma überlebt«, sagt er heute ohne Bitterkeit.

Er wurde Fleischerlehrling und im Zuge der Wirtschaftskrise Ende der zwanziger Jahre arbeitslos. Bei den Arbeitsämtern bildeten sich endlose Schlangen. 1933 waren in Österreich 600.000 Menschen ohne Beschäftigung. Ein Drittel davon erhielt keine Unterstützung. Franz Schaller verdingte sich als Knecht bei einem Bauern, später beim Zuckerrübenanbau.

»Ma war glücklich, wenn man überhaupt a Arbeit kriagt hat. Wenn uns was zuagwiesn wurn is, hat ma's halt nehmen müassn.«

In der Dollfuß-Ära landete Schaller beim »freiwilligen Arbeitsdienst«. Entlohnung: Ein paar Schilling und warmes Essen.

1938 marschierten Hitlers Truppen in Österreich ein. Und Franz Schaller jubelte wie viele andere.

»Mir ham ghert, daß es in Deutschland angeblich besser is. Also ham ma ghofft. Wichtig war, daß ma net verreckt. An den Kriag hat kana dacht.«

Der Krieg kam trotzdem. Schaller wurde zuerst in einem Rüstungsbetrieb zur Erzeugung von Lokomotiven eingesetzt, ab 1944 als Soldat am Granatwerfer. Dann folgte die Kriegsgefangenschaft in Frankreich.

»I mecht des niemand wünschen. Vül san net zruckkumman.«

Mit der Entlassung aus dem Lager Cherbourg waren noch lange nicht alle Schwierigkeiten vorbei. Seine Arbeit als Galvaniseur mußte er bald wegen einer Hautallergie aufgeben.

»Weil i so schnell nix anderes gfunden hab, bin i als Diener zum Meinl gangan. Erst a paar Jahr später bin i als Maschinenarbeiter und Werkzeughobler unterkumman.«

»Mir ham uns wirklich allas hart und ehrlich aufbaut«, sagt Lola Schaller. »An Lebenswillen muaß ma halt ham. Dann geht allas.«

Für die Anzahlung ihrer kleinen Eigentumswohnung mußten sie sieben Jahre lang sparen.

»Sie sehn ja: Zimmer, Küche, Vorzimmer, Bad und Klo. Zum Zammraamen gnua«, sagt Frau Schaller. »Mir schätzen das. Früher haben die Familien ja a nur im Zimmer-Kuchl-Kabinett gewohnt, aber der Zusammenhalt war größer.«

»Der Wohlstand hat allas verdurben«, meint Franz Schaller. »Mir ham bis heit ka Auto und nur an Schwarzweißfernseher, und uns is a nix abgangan. Ka Wunder, daß die Menschen heit so unzufrieden san. Die sollten bescheidener wern. Und net an Haufen Schulden machen. Des kann ma do in unsichere Zeiten net tuan.«

Man fühlt sich sicher bei den Schallers. Sie haben schon so viel durchgemacht, daß sie nichts mehr erschüttern kann.

»Ma derf si halt net so beeinflussen lassen«, sagt Frau Schaller. »I tua zum Beispiel nix liaber wia putzen. So war i scho als junges Mädchen. Die größten Flügeltüren ham ma die größte Freud beim Pflegen gmacht.«

Herr Schaller nickt.

»Mir halten nix von Emanzipation. I tat dera Dohnal amal vergunna, daß s auf an Grüst arbeiten muaß.«

»Ja, ja«, meint Frau Schaller. »A Frau soll a Frau bleim.«

»Aber, ma muaß Rücksicht nehmen, weil die Frau ja a net a Viech ist«, sagt ihr Mann. »I tua a oft abwaschen, mach des Bett oder geh a Mülch holen. Ana muaß den andern tolerieren.«

Frau Schaller umarmt ihren Mann liebevoll.

»Mir ham ana in den andern a Vertrauen.«

»I hab halt immer so gsagt: Trotz allem, was i mitgmacht hab, hat mi der liebe Gott gern ghabt«, erklärt Franz Schaller. »Sogar in der Gfangenschaft. Meist hat's Fischsuppen geben. Des Wasser hat so gstunken, Fisch warn eh kane drin. Die Leit san umgfalln wia die Fliagn. Amal, bei ana Untersuchung, hat a französischer Arzt zu mir gsagt: ›Hern S, Sie san ja no direkt fett im Vergleich zu die andern.‹ Hab i gsagt: ›I brauch halt net sovül!‹ Sehn S': Und des is bis heit mei Glück gwesen . . .«

Lourdes – Warten auf ein Wunder

Die Hoffnung war ihr Wegbegleiter

Wien-Westbahnhof, 22 Uhr. Die Patienten werden in Lazarettwaggons verladen. Für die nächsten 36 Stunden vertauschen sie die Tragbahre mit einem Stockbett im Zug.

»Ich komm' mir vor wie ein Sperrpaket«, sagt Frau Maier (57). »Wie ein Muster ohne Wert.« Sie lächelt. Hat eigentlich wenig Grund dazu. Ihre Krankheit wird »multiple Sklerose« genannt. Das bedeutet Muskellähmung, Störung des Gesichts- und Tastsinns, Siechtum. »Man muß das Beste draus machen«, sagt Frau Maier.

»Die eine hat einen Mann, der sie haut, ich hab' halt was anders. Was soll ich machen? Wegen mir wird sich der liebe Gott nicht den Haxn ausreißen.« Ihre Einstellung zu Lourdes, dem Ziel der Pilgerfahrt? »Skeptischer Optimismus!«

Eine Mutter, deren Tochter bis zum zwölften Lebensjahr kerngesund war und nun mit vierzehn nach einer Viruserkrankung nur mehr über die Gehirnfunktion eines Babys verfügt, erhofft sich ein Wunder von Lourdes. Sie ist verzweifelt. »Wer laßt sowas zu? Ein unschuldiges Kind, das niemandem was gemacht hat, legt sich hin und steht nicht mehr auf.« Der Pfarrer, erzählt sie, hat zu ihr gesagt: »Wen Gott liebt, den prüft er.« Sie findet keinen Sinn darin. »Ich habe mich immer wieder gefragt: Warum tut Gott nichts? Ich habe ihn gehaßt, obwohl ich katholisch bin. Aber man muß an irgend etwas glauben . . .«

Tränen rinnen über ihre Wangen. Schwester Elisabeth, eine Medizinstudentin, streichelt ihren Kopf und tröstet sie mütterlich. Die Malteser-Ritter, Burschen und Mädchen, die sich eine Woche lang unentgeltlich zur Betreuung der Behinderten zur Verfügung gestellt haben, wachsen auf der Bahnfahrt über sich selbst hinaus. Sie sind Seelentröster und Hilfsarbeiter, überwinden ihre Hemmungen, packen überall mit an. Vom Waschen der Kranken bis zum Kloputzen. Ausreden gibt's keine. Niemand sagt: »Mach du das! Mir graust!« Wer diese Hilfsbereitschaft miterlebt, wird nicht mehr die angeblich so schlechte Jugend von heute pauschal verurteilen.

»Am Anfang war's ein Schock«, sagt Benedikta, eine Dolmetschstudentin. »Du traust dich nicht einmal hinschaun, so deformiert sind manche Menschen. Aber dann hörst du, wie sie mit dir sprechen, spürst, wie sehr sie dich brauchen, und vergißt die Äußerlichkeiten.«

Teje, eine Hetzendorfer Modeschülerin, fügt hinzu: »Man wird toleranter und nimmt Kleinigkeiten, über die man sich sonst ärgert, nicht mehr wichtig. Ob der eine ›Fetzen‹ zum andern paßt, ist plötzlich völlig egal.«

Die Sozialhilfe führt unsere Zeitkrankheit

»Sinnkrise« ad absurdum. Wer anderen Menschen hilft, erspart sich den Barhockerexistentialismus und die Besuche beim Psychiater. Ein spastisch Gelähmter muß auf seinem Sessel angeschnallt werden, weil er durch die Erschütterungen des Zuges umgefallen ist. Eine blinde Frau will gefüttert werden, weil sie wegen einer Nervenkrankheit den Löffel nicht mehr ruhig halten kann. »Ich kenne jetzt so viele erschütternde Fälle in meinem Alter«, sagt die 21jährige Andrea. »Da fragt man sich: Was haben die eigentlich noch vom Leben? Und trotzdem empfinden sie soviel Freude über Kleinigkeiten und ertragen ihr Leid bewundernswert tapfer. Da wird man selbst auch gestärkt.«

Nachtdienste werden zur Selbstverständlichkeit. Zu mehr als ein paar Stunden Schlaf findet keiner die Zeit während dieser Woche. Es will sie auch keiner finden. Bitten bringen Belebung statt Bürden. Das gemeinsame Musizieren im Zug hat nichts mit Lagerfeuerromantik zu tun. Es ist die Manifestation der Lebenskraft. Wir singen: »Wohl ist die Welt so groß und weit und voller Sonnenschein . . .« Martha, die Spastikerin, freut sich wie ein Kind. Sie strahlt in ihrer Hilflosigkeit, ihren verkrampften, zuckenden Bewegungen unvergleichlich mehr Intensität aus als viele »gesunde« Wohlstandsbürger, die sich beim Heurigen den Grant wegdudeln. Martha glaubt an die Hilfsbereitschaft ihrer Umwelt. »Woran du glaubst, ist eigentlich unwichtig«, sagt ein Malteser. »Wichtig ist, daß du glaubst.«

Als die 14jährige Bernadette Soubirous 1858 von ihren Begegnungen mit der »weißgekleideten Frau« in der Grotte Massabielle bei Lourdes berichtete, glaubten ihr nur wenige Menschen. In Frankreich, dem Land der Aufklärung, regierte die Göttin Vernunft. Die Frau, erzählte Bernadette, habe zu ihr gesagt: »*Que soy era Immaculada Councepciou!* Ich bin die Unbefleckte Empfängnis!« Sie habe außerdem gefordert: »Trinke aus der Quelle und wasche dich darin!« Am 25. Februar 1858 stieß Bernadette tatsächlich beim Graben in der Grotte auf Wasser. 350 Anwesende konnten es bezeugen. Der Polizeikommissar von Lourdes, der kaiserliche Staatsanwalt und mehrere Kirchenfürsten unterzogen sie daraufhin endlosen Verhören. Man wollte sie zwingen, ihre Aussagen zu widerrufen. Es wurde ein Rückfall in »rückständige Zeiten« befürchtet.

Bernadette, Kind einer armen Müllersfamilie, ließ sich nicht unter Druck setzen. Da ereigneten sich zwei Wunder. Ein zweijähriger Bub, den man auf Grund seiner Kinderlähmung verloren glaubte, wurde nach einem Bad in der Quelle wieder gesund. Ein Blinder konnte wieder sehen, nachdem er seine Augen mit dem Wasser befeuchtet hatte. Der Mythos Lourdes verbreitete sich im ganzen Land.

Mittlerweile zählt man 64 Wunder, die von Arztbüros in Lourdes und von der Kirche anerkannt wurden. Der Nobelpreisträger und Mediziner Dr. Alex Carrell schrieb 1939, nachdem er das »große krebsartige Geschwür eines Arbeiters auf eine kleine Wunde« zusammenschrumpfen sah: »Verstehen kann ich es nicht, aber ich kann nicht bezweifeln, was ich mit meinen Augen gesehen habe.«

Bernadette wurde zu Lebzeiten nicht mehr gedankt. Sie zog sich ins Kloster von Nevers zurück und starb im Alter von 35 Jahren an Knochentuberkulose. Nach ihrem Tod sprach man sie heilig.

Die Heiligsprechung steht den Geschäftsleuten von Lourdes wohl kaum ins Haus. Die Stadt vom »Gemma Grotte schaun«. Im vergangenen Jahr wurden fünf Millionen Besucher gezählt. Straßen erstickten unter Souvenirs. Die Kranken werden an den Läden in Lourdes-eigenen Rollstühlen vorbeigezogen. Eine Peep-Show der kommerzialisierten Hilflosigkeit. Wollen Sie die heilige Maria lieber als durchsichtige Plastikflasche oder weiß gefärbt? Jetzt kann man leider nur mehr die Krone abschrauben, früher war's der ganze Kopf. Das wurde aus Pietätsgründen verboten.

Sonst nimmt man's inmitten von Lourdes-Zuckerln, Glaskugeln mit Schneeflocken über der Grotte und Puderdosen mit religiösen Motiven nicht so genau.

Aus einem Souvenirgeschäft stöhnen Serge Gainsbourg und Jane Birkin. Die Platte war 1968 im Österreichischen Rundfunk auf der schwarzen Liste. Aus moralischen Gründen. Als ich es dem Verkäufer erzähle, grinst er hinter seiner dunkelgetönten Porschebrille, dreht sich wortlos um und berät einen Pfarrer beim Kauf von Ansichtskarten.

Die Kirche bekommt in Lourdes an einigen Straßenecken illegale Konkurrenz. Man wird von Herren angesprochen, die einem die Hand dabei diskret hinhalten: »Pardon, Monsieur, wenn Sie wollen, werde ich das nächste Jahr für Sie beten.«

Ich halte nichts von Kerzelschluckern und kaufe stattdessen eine Kerze. »An guten Tagen verbrauchen wir 3000 Kilogramm Wachs«, sagt der Wächter. Manchmal, gibt er zu, wird der Verbrauch während der Nacht mit Lötlampen beschleunigt. Vor allem im Frühjahr. Da hätten sich nämlich so viele Spenden für Kerzen angesammelt, daß man anders mit dem Verbrauch nicht fertig würde. Eine Frau keucht mit einer armdicken Riesenkerze an uns vorbei zum Ständer. »Glauben Sie nicht, daß Ihnen ein Kerzerl genauso viel Glück bringen würde?« frage ich. Sie schüttelt ernst den Kopf.

»Nicht einmal halb soviel.« Ihre Freundin stimmt ein. »Jetzt geht alles schneller.«

Wenigstens aus dem heiligen Bezirk um die Grotte wurde der »Kitsch as Kitsch can«-Jahrmarkt verbannt. Das ist jener Teil der Stadt, wo man 1954 eine neue Kirche bauen mußte, weil der Ansturm nicht mehr zu bewältigen war. Sie befindet sich wie ein Bunker sechs Meter unter der Erde und faßt 25.000 Menschen. Es gibt keine Stiegen, um die Einfahrt für die Rollstühle zu erleichtern. Man hat die Oberfläche begrünt und somit das Landschaftsbild erhalten. Vor der Grotte beten die Kranken. Demütig, erduldend, abwartend. Manche wirken verbittert. Ihre Gesichter sagen: Einmal versuch ich's noch. Aus der Quelle sprudeln täglich etwa 40.000 Liter Wasser. An den Becken drängen sich die Menschen mit Flaschen. Eine Mutter spritzt ihr Baby mit Wasser voll. Es schreit ärgerlich. »Das ist gut für dich«, sagt die Mutter. »Damit bleibst du gesund.«

Von der Basilika tönt das Halleluja über den Platz. Das Glaubensbekenntnis vermischt sich mit dem Rauschen des Baches. Schwarzgraue Wolken schmiegen sich in der Dämmerung an die Platanen. Manchmal sticht die Sonne mit hemmungsloser Brutalität auf die Kranken herunter. Da muß doch etwas dran sein, sagt man sich, wenn Tausende Menschen hier stehen und beten und warten. Etwas, das wir mit unseren Computern nicht berechnen können. Das uns Zuversicht und Halt gibt. Den Antrieb, über unser Leben nachzudenken. Ein Leuchtsignal für Menschen, denen der Boden unter den Füßen entzogen wurde.

Bei der nächtlichen Prozession werden Fackeln entzündet. Sie sind Bekenntnis und Wegweiser in einer haltlosen Zeit. Werbung für Glaube, Hoffnung und Liebe. »Wenn man das Leid der anderen sieht, ertragt man sein eigenes viel leichter«, sagt der Rentner Leopold Brod, den eine Lähmung im Rückenmark fesselt.

»Da geht's mir gleich viel besser.« Ein Mädchen schildert ihrer halbblinden Patientin die Fackelprozession derart realistisch, bis die Frau ruft: »Jetzt seh ich's, jetzt seh ich's! Ich bin so glücklich, weil ihr euch so um uns kümmerts.«

Im Hospiz versorgt der Arzt Franz Blechinger die Unterschenkelgeschwüre einer gehbehinderten Dame. Auch Blechinger ist ohne Entgelt mitgefahren. Junge Malteser scherzen während der Behandlung mit der Patientin, halten ihre Hände, nehmen der Behandlung soviel wie möglich von ihrer Qual. In den Krankenzimmern wird viel gelacht. Schließlich soll eine Pilgerfahrt die Kranken aus der Monotonie ihrer heimatlichen Behandlung reißen und ihnen, wenn schon nicht Gesundheit, zumindest glückliche Stunden schenken. Das Erwachen kommt früh genug. »Ich weiß nicht, ob ich das alles noch einmal erleben kann«, schluchzt eine Frau auf der Heimreise nach Österreich. »Das war so wunderschön. Nächstes Jahr bin ich schon tot.«

Für die Mutter des gehirngeschädigten Mädchens scheint die Welt zusammenzubrechen. Wunder ist keines geschehen. Und daheim wartet ihr Mann, der zu dieser Reise von Anfang an skeptisch eingestellt war.

Da ist aber auch ein 90jähriger Mann, der sich in Lourdes zum erstenmal nach vielen Jahren wieder selbst die Schuhe zugeschnürt hat. Und eine 80jährige Frau, die sich trotz Lähmung »viel besser« fühlt, »weil es Menschen ohne Berechnung gibt«.